HERMES

在古希腊神话中，赫耳墨斯是宙斯和迈亚的儿子，奥林波斯神们的信使，道路与边界之神，睡眠与梦想之神，亡灵的引导者，演说者、商人、小偷、旅者和牧人的保护神……

西方传统 经典与解释 HERMES
Classici et Commentarii
古典学丛编
刘小枫 ● 主编

论月面

Concerning the face
which appears in the orb of the moon

[古罗马]普鲁塔克 | 著

孔许友 | 译

华夏出版社

本成果受到中国人民大学
"统筹支持一流大学和一流学科建设"经费的支持

"古典学丛编"出版说明

近百年来,我国学界先后引进了西方现代文教的几乎所有各类学科——之所以说"几乎",因为我们迄今尚未引进西方现代文教中的古典学。原因似乎不难理解:我们需要引进的是自己没有的东西——我国文教传统源远流长、一以贯之,并无"古典学问"与"现代学问"之分,其历史延续性和完整性,西方文教传统实难比拟。然而,清末废除科举制施行新学之后,我国文教传统被迫面临"古典学问"与"现代学问"的切割,从而有了现代意义上的"古今之争"。既然西方的现代性已然成了我们自己的现代性,如何对待已然变成"古典"的传统文教经典同样成了我们的问题。在这一历史背景下,我们实有必要深入认识在西方现代文教制度中已有近三百年历史的古典学这一与哲学、文学、史学并立的一级学科。

认识西方的古典学为的是应对我们自己所面临的现代文教问题:即能否化解、如何化解西方现代文明的挑战。西方的古典学乃现代文教制度的产物,带有难以抹去的现代学问品质。如果我们要建设自己的古典学,就不可唯西方的古典学传统是从,而是应该建设有中国特色的古典学:恢复古传文教经典在百年前尚且一以贯之地具有的现实教化作用。深入了解西方古典学的来龙去脉及其内在问题,有助于懂得前车之鉴:古典学为何自娱于"钻故纸堆",与现代问题了不相干。认识西方古典学的成败得失,有助于我们体会到,成为一个真正的学人的必经之途,仍然是研习古传经典,中国的古典学理应是我们已然后现代化了的文教制度的基础——学习古传经典将带给我们的是通透的生活感觉、审慎的政治观念、高贵的伦理态度,永远有当下意义。

本丛编旨在引介西方古典学的基本文献:凡学科建设、古典学史发微乃至具体的古典研究成果,一概统而编之。

古典文明研究工作坊
西方典籍编译部乙组
2011年元月

目 录

中译本导言 / 1

普鲁塔克　论月面 / 1

附录

凯尔尼斯　《论月面》与柏拉图式的诗化地理学 / 78

库恩斯　《论月面》的地理学意义 / 97

汉密尔顿　《论月面》中的神话 / 118

中译本导言

孔许友

普鲁塔克(Plutarch,公元45-120)是罗马帝国时期非常重要的希腊哲人,他一生坚持用希腊文写作,以传承希腊文明为己任,同时被视为柏拉图派政治哲学的传人之一。他在世时便以学识渊博、著述等身而闻名,不过,得以流传下来的作品只有两部:一部是《希腊罗马名人对比列传》(*The Parallel Lives*)[1],另一部是《伦语》(*Moralia*)[2]。这两部书都是极其厚重的大部头作品,足以奠定普鲁塔克的历史地位。但对于汉语读者来说(其实对于一般的西方读者亦是),《希腊罗马名人对比列传》的名声要比《伦语》响得多。这多少与译介工作有关。《希腊罗马名人对比列传》的中文全译本虽然是近期才在大陆出版,但此前已陆续问世的单篇译本或选译本有不下十余种之多,[3]《伦语》的中文译介则明显滞后得多,这是一个亟待改观的问题。[4]

---

[1] 《希腊罗马名人对比列传》是较常见的中译名,按原文应为《对比列传》。台湾席代岳先生的中文全译本题为《希腊罗马英豪列传》,以"英豪"二字突出传主的"明君贤相、谋臣勇将"身份,固然无可厚非,但略去"对比",则略有不妥。

[2] 过去一般译为《道德论集》或《希腊罗马古史论丛》,但无论"道德哲学"还是"历史学",都远不足以涵盖这部著作的内容。至于"伦语"译名的来历,可参看刘小枫,《凯若斯:古希腊文读本》,上海:华东师范大学出版社,2013年,页236-237。

[3] 最早的单篇中译本可能是刘家和先生译的《波庐塔克的"来库古传"》,(《东北师范大学科学集刊》,1957年,第2期)。

[4] 包利民、俞建青、曹瑞涛译的《古典共和精神的捍卫:普鲁塔克文选》(北京:中国社会科学出版社,2005年)最早译介了《伦语》中的十七篇(其中两篇为节译)。刘小枫主编的"经典与解释"系列翻译出版了默尼埃详细注疏的《论埃及神学与哲学:伊希斯与俄赛里斯》(段映虹译,北京:华夏出版社,2009年)。

一

《伦语》共十五卷,《论月面》是其中的第十二卷第一篇,不过《伦语》的编次最早见于1572年Stephanus的版本,并不体现普鲁塔克的意图。该书很可能只是将原先一些各自独立的篇什(共78篇)按论题大致归类后统编在一起,如第十二卷的六篇作品都与自然科学有较大关系。这些分类固然为后人的阅读提供了某种方便,但也要注意避免一些误会,比如第十二卷的六篇作品,包括《论月面》在内,并不是今人所谓的纯粹的科学文献。《伦语》涉及的论题确实非常广泛,包括"政治、教育、神学、神话学、音乐学,乃至百科式的杂论","文体也并非都是'论文',有对话和如今所谓的小品"。[①] 不同篇章从不同侧面体现了普鲁塔克的写作方式和思想旨趣,而且许多作品之间有着或隐或显的内在关联。《论月面》(*Concerning the face which appears in the orb of the moon*,希腊文原文题为Περὶ τοῦ ἐμφαινομένου προσώπου τῷ κύκλῳ τῆς σελήνης,拉丁文题为De facie quae in orbe lunae apparet,直译为"论月球中显现出来的面貌")也许并不算《伦语》中最显眼的作品,但却是相当独特的一篇,虽然晦涩,却颇为有趣,一位古典学者评价说:"《论月面》使我们对普鲁塔克的理解更丰实,对他的旨趣、方法以及知识的广度产生更深的认识,而且,当然,对于学习古代科学史的学生有相当的重要性。"[②]

《论月面》的内容十分丰富,具有多方面的研究意义。首先,它涉及天文学、地理学、反射光学、物理学等多个自然科学学科,在科学史上有一定的地位。十七世纪大天文学家开普勒就对这部作品

---

① 普鲁塔克,《论埃及神学与哲学:伊希斯与俄赛里斯》,段映虹译,前揭,中译本说明,页4。

② A. Wasserstein,"Review",见 *Isis*,vol. 64,No. 2(Jun.,1973),页257–258。

产生过浓厚兴趣,去世前不久还将其译为拉丁文,并作了义疏。他盛赞这篇对话是"古人留给我们的关于地球卫星的最有价值的讨论"①。尽管如此,对它的关注更多地来自哲学界,最突出的关注点是其中的灵魂学说。《论月面》中的灵魂学说可以与《伦语》中另外几篇对话(如《苏格拉底的守护神》《论神的惩罚的延迟》等)以及柏拉图《蒂迈欧》中的相关内容相参照。另外一个重要的关注点是普鲁塔克如何以高超的写作技艺将对月亮的科学讨论与关于灵魂的讲辞统一在目的论的解释框架之下。不过,由于《论月面》中的资料来源十分庞杂,大量研究耗费在对这些来源的考证上,试图辨析哪些是普鲁塔克本人的特殊贡献,哪些是他借用了别人的理论。尽管,在这种考据问题上,由于材料的限制,不可避免地产生了大量争议,但正如凯尔尼斯所言:

> 任何没有先入之见的读者阅读《论月面》都会承认,从头至尾,柏拉图都是普鲁塔克的灵感来源,但普鲁塔克本人是整部作品的真正作者。②

二

《论月面》中的人物关系和文本结构较为复杂,对此,西方古典学界有不少解析,读者可参看本书收录的凯尔尼斯英译本导言和库恩斯的《普鲁塔克〈论月面〉的地理学意义》一文。③ 这里做一个简要的介绍。

---

① 开普勒,《梦》,转自库恩斯,《普鲁塔克〈论月面〉的地理学意义》,见本书。
② 凯尔尼斯:《普鲁塔克的〈论月面〉及其对近代的影响》,见本书。
③ 还可参看 Herwig Görgemanns,《普鲁塔克对话〈论月面〉研究》(*Untersuchungen zu Plutarchs Dialog*, *De facie in orbe lunae*, Heidelberg, 1970)。

《论月面》是一篇对话体作品。文本中参与对话的在场人物一共有八个,按出场顺序分别为苏拉(Sulla)、拉姆普里亚斯(Lamprias)、阿波罗尼德斯(Apollonides)、亚里士多德(Aristotle)、法尔纳克斯(Pharnace)、卢修斯(Lucius)、忒翁(Theon)和墨涅劳斯(Menelaus)。在这八个人物中,拉姆普里亚斯和卢修斯可视为一组。拉姆普里亚斯是整部对话的叙述者,他的见解和立场与卢修斯相近,且互为补充,他们可以看作柏拉图派的代表(在第6节中,法尔纳克斯明确指出拉姆普里亚斯是柏拉图派)。一般认为,他们的见解与普鲁塔克本人的见解关系密切。拉姆普里亚斯和卢修斯的区别较突出地体现在性格和言语方式上,即拉姆普里亚斯似乎比较机智,喜欢调侃,爱嘲讽对手,而卢修斯则显得稳重一些。法尔纳克斯、亚里士多德以及阿波罗尼德斯可以看作另一组,他们是拉姆普里亚斯和卢修斯的对手。这三人中,法尔纳克斯尤其是反驳的对象,他代表廊下派,与拉姆普里亚斯针锋相对,对话颇有点火药味。这种对廊下派的攻击和对柏拉图派的推崇是整部《伦语》的鲜明特征,无疑体现了普鲁塔克的一贯思想。① 与法尔纳克斯相比,亚里士多德只有一段很简短的发言——如凯尔尼斯所言,普鲁塔克只是选取亚里士多德这个名字来表示他所代表的学派——提请注意逍遥学派关于天体的理论(第16节),随后卢修斯虽然详细地反驳了这个理论,但他对亚里士多德的态度相当友好,称他为"好朋友"、"亲爱的

---

① 普鲁塔克明确攻击的另一个学派是伊壁鸠鲁派,但在《论月面》中,仅附带性地提到一次伊壁鸠鲁(第4节)。伊壁鸠鲁学派的天文学说,包括月亮理论,可见于卢克莱修《物性论》第五卷的第416-768行。卢克莱修认为月亮(以及太阳)是不太轻也不太重的物体,故而能够在天地之间绕圈运转,其大小与我们肉眼所见一致。至于月亮本身是否发光,他没有定论,而是认为有可能借反射阳光而发光,也有可能是自身发光。他甚至认为有可能每天都有一个新的月亮被造出来,还根据这些可能的情况分别设想了若干种形成盈亏月相的原因。他也设想了月食的三种可能成因:一是大地上运行到日月之间;二是受到另外某物的遮挡;三是月亮自己的光辉暂时熄灭。参见卢克莱修,《物性论》,方书春译,南京:译林出版社,2011年,第227-301页。此外,伊壁鸠鲁学派是明确反对自然目的论的。

亚里士多德"。阿波罗尼德斯则是一个几何学家,拉姆普里亚斯对他提出的观点和"异议"(第9、21、22节)做了有力的反驳。苏拉和忒翁,在"科学部分"也只有只言片语,似乎主要是起到一些文学性的承接作用。但忒翁在"过渡部分"提出了关于"月亮人"是否存在的重要话题,苏拉则是"神话部分"的直接讲述者。至于数学家墨涅劳斯则自始至终保持沉默,只是因为卢修斯曾对其说话(第17节),我们才知道他的在场。

就文本结构而言,《论月面》可以分为三个部分,第一部分为第1节到第23节,这部分是"科学部分";第二部分为第24节和第25节,一般称为"过渡部分";第三部分为第26节到第30节,这部分是"神话部分"。

"科学部分"中有相当一部分内容属于对一次先前讨论($\delta\iota\alpha\tau\rho\iota\beta\acute{\eta}$)的回顾,涉及的章节包括第2—5节以及第16—23节。当然,回顾的形式已经与先前的讨论本身大为不同了,其间穿插着本次对话的各种新问题和新观点。这种写法很容易让人想起《蒂迈欧》的开头部分,也是对前一天讨论的回顾,普鲁塔克也许是在有意模仿柏拉图。这样的设计仅仅是文学虚构,还是有更深的用意,在古典学界仍有争议。但如果考虑到《蒂迈欧》笔法的复杂性,那么《论月面》的这种写法似乎也不应轻易视之。先前讨论的主要成果是解释月光是太阳光从一个土质物体发过来的反射,讨论的主导者是一个被称作$\dot{\epsilon}\tau\alpha\tilde{\iota}\rho\sigma\varsigma$[伙伴、同志]的人,不少古典学者怀疑此人就是不在场的普鲁塔克(准确地说,是普鲁塔克笔下的自己)。法尔纳克斯在第6节直接介入对话,他一方面质疑月亮的土质性,另一方面提出土的自然位置是宇宙中心的说法,由此引起了卢修斯和拉姆普里亚斯对廊下派以及逍遥学派观点的反驳,直到第17节苏拉的插话,又把对话引到对先前讨论的回顾上。"科学部分"占了整部对话三分之二以上的篇幅,涉及的话题和观点很广泛,但讨论和辩驳的核心是明确的,即论证月亮是否和地球一样是由土构成的重物。

"过渡部分"由忒翁引起,他提出了月亮是否具有可居住性的著名问题。研究者多认为这一部分起到了衔接科学部分与神话部分的重要作用,因为这一部分明确涉及目的论(以及人类中心论),从而使读者有可能从目的论框架来理解整部对话的统一性,如库恩斯在《普鲁塔克对话〈论月面〉的地理学意义》一文中就认为,"科学部分"从科学角度解释了月亮在宇宙中的目的,"神话部分"描述了月亮对于人类灵魂的目的,而目的论的这两种形式借助这个"过渡部分"得到了调和。

"神话部分"由苏拉讲述(当然,对话的叙述者仍然是拉姆普里亚斯),这个神话是他从一个陌生人那里听来的,而该陌生人又是从克洛诺斯的精灵侍从那里听来的。"神话部分"可以分为两个小节,第 26 节为第一小节,第 27-30 节为第二小节。第一小节可以看作神话的来源背景介绍,第二小节是神话的正文,这个神话再次肯定了科学部分所论证的月亮的土质性。神话的中心要点是说月亮主管人死后的灵魂,而这个说法是其灵魂和天体关系说的一个环节。这种灵魂和天体关系说,简而言之,就是先将人分为心智、灵魂和身体三个部分,然后将这三个部分分别对应于太阳、月亮和地球,即后者是前者的来源。于是,在人的死亡和生成过程中,月亮作为灵魂的主管天体,通过其在太阳与地球之间的中介关系而承担了重要的功能。

三

由于《论月面》结构复杂,内容晦涩,尤其是大量涉及古希腊天文学思想,尽管凯尔尼斯英译本注疏充分,广受赞誉,但一般文科背景的读者初读起来可能仍然颇为费劲。为方便阅读,这里将各节内容概述并简要分析如下(按照凯尔尼斯译本的分节):

第 1 节:大多数学者认为,本节的开头(也就是整部对话的开头)有佚失的内容,但佚失的内容到底有多少,是否重要,目前尚无定论。事实上,这一节并没有直接进入"科学"讨论,而是相当于一个"引子"。苏拉在该节中所说的话大意是,他想知道先前的讨论是否对关于月面的流行看法有所批评。拉姆普里亚斯回答说,正是因为关于月面的流行看法中存在的疑难使他们在先前的讨论中改换了思路,即重新启用和审视一个原本已经被废弃的见解。接下来的第 2 节便进入对先前讨论的具体回顾。从下文来看,这个见解应该是指,月光是土质的月亮对太阳光的反射,而对月面形象的正确解释亦建立在这个结论的基础上。在本节中,有两点特别值得注意,一是苏拉和拉姆普里亚斯的话都用了航海隐喻。柏拉图和其他一些古希腊哲人曾多次使用航海隐喻,普鲁塔克也不止一次使用此类隐喻,就在第 26 节开头,也就是对话转入"神话部分"的当口,苏拉再一次用到了此类隐喻。二是拉姆普里亚斯说到反复吟诵古人咒语的必要性。在《斐多》77e 中,苏格拉底对刻比斯说,像巫师一样对怕死的人反复念咒语,可以驱除死亡恐惧,尽管这样的巫师不容易找到。而在《王制》608a 中,苏格拉底告诉格老孔,要默念抵御诗歌魅力的箴言。念咒语很容易使人联想到宗教信仰、信念,进而联想到对话的"神话部分"。信仰无疑与理性有别,但并不与理性对立,而是往往可与之相搭配。联系《斐多》77e 和《王制》608a 来看,无论是驱除死亡恐惧,还是抵御诗歌魅力,原本都有其充分的理性根据,但是,尤其对于理性能力有限的常人来说,仅仅依靠理性的理解或教导是不够的。《斐多》114d 也指出,灵魂不朽既合理,同时又是一种高尚的信仰,"应当把这种事像念咒语似的反复复复地想"。如果将这一原则施用于《论月面》,那么,普鲁塔克在此处似乎就是通过拉姆普里亚斯之口暗示,要使人们领会月亮的目的,除了依靠理性的科学论证,还需要"神话"所提供的信仰。如此说来,普鲁塔克在第 1 节就预示了"科学部分"与"神话部分"的内在一致性。

第 2 节:在本节中,拉姆普里亚斯反驳了将月面形象看作一种视觉异常的观点。拉姆普里亚斯的理由主要有以下几条:

1. 太阳光猛烈刺眼,容易造成视觉异常,而月光十分柔和,不存在这种可能。

　　2. 眼睛好的人能比眼睛差的人更清楚地辨认月面轮廓的图案。如果月面形象是视觉异常导致的结果,那么,眼睛越差的人受到的光线刺激越少,他反而应该看得更清晰。

　　3. 月面中的明暗分布是不均匀的,从而形成画面一样的形象,如果是视觉异常,不会出现这种不均匀的情况。接着,拉姆普里亚斯对亚里士多德说话,从而引出逍遥学派的一个古代人物克里阿卡斯,并指出此人虽然属于逍遥学派,但其观点不是正统的逍遥学派理论。对此,亚里士多德并没有做任何回应。

第3节:本节的内容是拉姆普里亚斯应阿波罗尼德斯的询问介绍克里阿卡斯的观点。这个观点的要点是月面形象是地球上的外海洋在月亮中的映象,因为月亮是由类似镜子的东西组成的。值得一提的是,东方也有类似学说,佛典《起世经》中说道:"复何缘月宫殿中有诸影现?此大洲中在阎浮树,因此树故名阎浮洲,其树高大,影现月轮。"[①]这个神话式说法无疑已经包含了月面形象是地上之物倒影的理念。这个理念影响了中国古人对月面形象的看法,如认为月中蟾蜍和桂树是大地之影,明亮部分是地中水体之影。[②]王安石、苏轼、朱熹等均持类似说法,如朱熹在《天问注》中说:

　　日月在天,如两镜相照,而地居其中,四旁皆空,水也。故月中微黑之处,乃镜中大地之影。

第4节:在本节中,拉姆普里亚斯应阿波罗尼德斯的要求反驳

[①] 《法苑珠林》卷七,转自陈美东,《中国古代天文学思想》,北京:中国科学技术出版社,2007年,页421。

[②] 如段成式《西阳杂俎·天咫》:"或言月中蟾、桂,地影也,空处,水影也。"转自陈美东,《中国古代天文学思想》,北京:中国科学技术出版社,2007年,页422。

了克里阿卡斯的上述观点。反驳的要点是外海洋是单一物体,如果它映在月亮这面大镜子上,那么我们所看到的月面上的暗点应该只有一个,而月亮上的暗点似乎不只一个。拉姆普里亚斯的另一个理由是,如果克里阿卡斯认为月亮是一个轻飘而发光的星体,那么,月亮倒映地球上的外海洋就更不可能了,因为这样的物体会使视光线分散并转向,无法形成映象。如此反驳显然是为了引出"科学部分"的核心话题,即构成月亮之物的性质是什么,到底是土质重物,还是轻飘的东西。柏拉图派支持前者,而廊下派主张后者。

第 5 节:卢修斯首先代廊下派简述了该派的基本观点,即月亮是由空气和柔和的火混合而成的,月面形象是空气变黑造成的。接着,拉姆普里亚斯开始回顾在先前的讨论中"我们的伙伴"——此人被认为可能就是普鲁塔克自己——如何反驳廊下派的上述说法。在本节中,反驳的要点是:1. 如果月亮是阴燃着的火,那么它必须靠固体燃料来维持;2. 如果月亮是火,那么火必定会使空气变得稀薄并消失,这样,空气与火就不可能长时间并存;3. 按照廊下派的观点,月球没有缝隙,那么,会自然漂移的空气就不可能固定在一个地方,这与月面暗点的稳定不相符;4. 月球表面应有裂缝和空隙,在裂缝和空隙中的空气因阳光照射不到,就是阴暗的,而弥漫在月球表面的空气受到阳光照射,就是明亮的,从而形成月影的明暗交错。关于日月星辰是轻物还是重物的问题,在中国古代也早有议论,如公元前二世纪的《淮南子·天文训》中说:"宇宙生气,气有涯垠,清阳者薄靡而为天,重浊者凝滞而为地","积阴之寒气为水,水气之精者为月"。这个说法虽以气论哲学为基础,认为天地都是"气",但区分了轻重,与廊下派的说法颇有些相似。至于月面形象的成因,拉姆普里亚斯的说法虽然比廊下派的观点更接近真相一点,但也并不正确。在中国,更为正确的说法见于公元九世纪《酉阳杂俎·天咫》中的一则故事:

太和中,郑仁本表弟,不记姓名,尝与一王秀才游嵩山。……[途中遇一人],其人笑曰:君知月乃七宝合成乎?月势如丸,其影,日烁其凸处也。①

第6节:或许是由于拉姆普里亚斯对廊下派说法的批评语多讥刺,此时,廊下派的法尔纳克斯忍不住发出抗议。他没有直接反驳拉姆普里亚斯的上述说法,而是批评柏拉图派所使用的讨论方式,即只反驳别人的观点,而不正面论证自身立场,从而使自己总是处于有利的攻势,而使对话者处于被动的守势。言下之意,显然是要求柏拉图派正面论证自己的观点。法尔纳克斯的这一要求使"科学部分"暂时脱离了对先前讨论的回顾。接下来由卢修斯来回应法尔纳克斯。卢修斯的话首先涉及虔敬问题,他打了个预防针,要求在虔敬问题上免责。这意味着,在当前语境下,对宇宙的科学讨论与信仰上的是否虔敬无关,无论提出何种解释——当然他并不认为他的解释颠倒了宇宙的根基——都不应受到不虔敬的指控。然后他指出,按照数学家们对月食发生时月亮通过阴影的时间计算可以知道,地球的体积比月亮大很多倍。然后他指出月亮不至于掉落下来,是因为它的绕圈旋转运动阻止了自然的重力作用。这个说法虽然有问题,但毕竟解释了一个在古人那里十分棘手的麻烦,即如果天体为重物,为何不会下落。在中国,六世纪的颜之推开始怀疑日月星辰为轻清之气的说法,他说:

> 日月星辰,若皆是气,气体轻浮,当与天合,往来环转,不得错违,其间迟疾,理宜一等,何故日月五星二十八宿各有度数,移动不均?(《颜氏家训·归心》)

但令他困惑的正是,如果日月星辰为石头一类重物的话,"性又质重,何所系属"(《颜氏家训·归心》)?卢修斯实际上是想说,即

---

① 段成式,《酉阳杂俎·天咫》,转自陈美东:《中国古代天文学思想》,前揭,2007年,页423。

便如廊下派所言月亮由火构成,它也需要由土来维持——这是重申上一节中拉姆普里亚斯的叙述——而且这与月亮不掉下来并不矛盾。但这不得不涉及另一个问题,即如果地球不和月亮一样绕圈旋转,那它为何不掉入深渊。是什么东西支撑了地球呢?古希腊有阿特拉斯背负大地支柱的神话,中国古代也有"四维柱石"的传说,可谓不谋而合。而卢修斯说到廊下派却认为大地无需根基支撑也能停留在某地。法尔纳克斯随即承认了这一点,并提出:土的自然而恰当的位置在宇宙的中央,一切重物都会自然地朝这个中心点汇聚。这个关于"向心"自然运动的说法,原本是逍遥学派的理论,只不过也为廊下派所采用。

第 7 节:忒翁在本节中出场,回答拉姆普里亚斯关于一句诗的出处的提问,这当然只是起到一个承接转换的作用,使反驳法尔纳克斯的人由卢修斯转换为拉姆普里亚斯。在本节中,拉姆普里亚斯集中揭示上节中法尔纳克斯所说的"向心"自然运动学说的自相矛盾,不过,正如凯尔尼斯在本节的注释中所言,拉姆普里亚斯只是尽其所能嘲弄法尔纳克斯,用了各种或对或错的观点。拉姆普里亚斯提到的第一个矛盾是地球表面既然很不规则,就不可能是球状的;第二个矛盾是人类如何像壁虎一样附着在另一侧半球上;第三个矛盾是站的人如果与地球表面呈斜角,那岂不是会像醉汉一样站立不稳;第四个矛盾是重物掉进地球深渊后,如何会在抵达中心时自动停住,如果越过了中心,难道还会自己倒转回到中心;第五个矛盾是落在地球表面的流星碎片如何强行进入地表之下,并隐藏在中心点附近;第六个矛盾是中心点既然是无形的,如何设想水向下流到这个无形的中心点,并悬停在那里或绕之流动。接下来拉姆普里亚斯指出法尔纳克斯的这个学说是"上下倒置",如果只有这个中心点是"下",那么无论在中心上方还是下方的东西就都是在上的,这显然会导致悖论,因为如果设想这个中心点是人的肚脐,那么人的头和脚就都同时"朝上"了。

第 8 节:由于廊下派认为只有地球是土质的,那么由"向心"运动学说自然可以推出地球是宇宙中心的结论。于是,拉姆普里亚斯在反对"向心"运动学说的同时涉及对地球中心论的反驳。他指出,重物有下落趋向并不能证明地球是宇宙中心,而是证明这些物体与地球有密切关系,它们被吸引到地球上,成为地球的组成部分。月亮原本不是分配给地球的,所以它有自己的独立位置,它自身的各部分结合为一个整体。如果土质重物能够在某种动力的推动下结合为一个单一物体,那么同样的动力应该使轻物也结合为单一物体,而在廊下派看来由火构成的轻飘星体,却是分散成堆的。

第9节:拉姆普里亚斯接着转向对数学家阿波罗尼德斯说话,内容要点是:土质重物有一定的活动范围,月亮作为土质天体,它的活动范围是紧贴着绕地球旋转,常常为地球阴影所掩蔽,因此处于地球的限制之内。

第10节:拉姆普里亚斯继续论证巨大的宇宙允许物体有一定的活动范围和延伸空间,无论这物体是在"上方"还是在"下方"。拉姆普里亚斯的目的仍是为了反驳"向心"运动学说。他仍然是从地球与月亮的关系来切入的。他援引阿里斯塔尔库斯的计算,指出月亮邻近地球,可以被判作"地球的天然且合法的动产"。拉姆普里亚斯的意思大概是,如果月亮可以被看作是地球的延伸部分,那么"向心"运动学说将"下"仅仅限定为地球或者说限定为宇宙中心就是错误的,同样,认为只有天穹最外层表面为"上",而其他均为"下"的说法也是极端的。

第11节:拉姆普里亚斯继续反驳地球中心论。他在此提出了一个重要理由,即既然宇宙或物总体是无限的,那么就不可能存在所谓中心,因为中心也是一种界限。他进而认为地球和月亮一静一动——他认为地球是静止不动的——与它们所处的位置无关,而是由于一种不同的"灵魂或本性",其他事物也是如此。这里第一次出现"灵魂"一词,为下一节做了铺垫,值得注意。拉姆普里亚斯进而指出,将"向心"运动学说进一步推导,就会得出这样的荒谬结论:只有无形的中心点在"下方",连包裹着这个中心点的地球和地球上的事物都是绝对"在上的"。况且,也无法设想这个无形的点能够具有吸引所有重物的作用力。

第12节:拉姆普里亚斯从"自然位置"(或"自然状态")的角度论证月球的土质性。反对月球由土构成的一个重要理由是土的"自然位置"就是在下的,而月亮的位置在地球之上,说明月亮是轻物。对此,拉姆普里亚斯指出,并不是所有物体都处于其"自然位置",事实上,很多东西都处于与其本性相违背的"非自然位置",例如埃特纳火山的火就"不自然"地处于土的下面。他还以人为例,说反应敏捷的灵魂被限制在行动迟缓的身体中,也说明灵魂处于非自然位置。举这个例子显然是颇有用心的,一方面作为此处"非自然位置"说法的例证,另一方面为"神话部分"的灵魂学说做铺垫。接下来,他指出,自然状态并不是好的状态,而是神没有临到的状态,自然法则是混乱、不和谐的,自然状态下的事物都按照各自的方式运动,彼此孤立,如同身体缺少心智或灵魂。事物正是在神意的作用下从无序的"自然状态"向有序的"更好状态"转换,而这有序的"更好状态",相对于原来的状态来说就是"非自然的"。因此,月亮的位置在地球上方,正说明月亮受到神意的驱使,处于更好的非自然位置上——在这个位置上,它与太阳、地球组成更为和谐的关系——而不能说明月亮不是土质性的。这与灵魂被限制在身体内是一个道理。拉姆普里亚斯这一关于"自然位置"的目的论学说与西方政治哲学中的"自然状态"理论可能存在微妙关系,值得注意。

第13节:拉姆普里亚斯进一步强调事物从"自然状态"到"更好状态"的转换正体现了神意的作用,就像士兵没有战术家的指挥不会自己履行职责,水没有园丁的操作不会"自然地"灌溉植物,砖块、木材和石头需要建房人的安排才会出现在适当的位置。众星也是如此,如果它们的运动只是轻飘物体的"自然运动",那么它们只会向上移动,而不会绕圈旋转,所以,众星的运动方式与它们是轻是重以及它们的位置都没有关系,而是出于"比自然更稳定的原因",也即神意的恰当安排。

第14节:拉姆普里亚斯指出,纯粹无条件的"自然"秩序或运动在任何事物中都是不存在的,也就是说,任何事物的整体或其各个部分都是按照一定的目的而被安排的。如果说上下排牙齿的生长或者肠子和心脏中"火"的存在都不是"违反自然"的,那么,就有必要对"自然"进行重新界定。也就是说,所谓"自然"最多只是有条件的"自然",即神意目的的恰当而有用的安排就是"自然的"安排,因为这种安排是使事物"依照各自本性"而有机地结合起来。这可以理解为目的论与自然论的一种调和,即把神意目的看作更高层面的"自然",从而有别于纯粹原始天然的"自然",前者是现实中的"自然",而后者只是一种推想,并不实际存在。这一调和的内在困难在于如何理解事物的"本性"。因为,如果事物"本性"本身合乎神意,那么神意"自然"就等同于天然"自然",但前几节的叙述已经明确说"更好状态"是对"自然状态"的违背,而如果事物"本性"本身不合乎神意,那么就很难说神意目的是一种"自然"目的。对于这个困难,拉姆普里亚斯似乎语焉不详,但从"依照各自本性被有机地结合起来"的说法来看,他似乎认为事物在"本性"上具有接受神意驱使的潜质,因为神意的作用并不建立在违反事物本性的基础上,而可以看作是对本性的合理引导。

第15节:拉姆普里亚斯进一步指出,神意的"自然"安排是一种理性安排,所谓"更好状态"就是接受理性(必然性)法则支配的状态。他分别以天体和身体器官为例。就天体来说,太阳并非因为轻而在上方,地球也并非因为重而在下方。就人的身体构造来说,眼睛并非因为轻盈而被挤到身体的上方,心脏也并非因为重而处于胸腔中。它们处于现在的位置,都是因为"它们各自被如此安置是较好的"。接着他将身体器官的功能与天体的功能进行了类比。太阳对应于心脏,心脏传输血和气息,类似太阳发散光和热;地球对应于肠子和膀胱;月亮则对应于肝和脾。肝和脾位于心脏和肠子之间,具有中介和净化作用,这就类似月亮的功能,它将太阳的温暖传播到地球上,又将地球的发散物净化提纯后送到太阳。正如对身体器官的理性安排使身体器官更好地为身体服务,对天体的理性安排也使天体更好地——同时也是"自然地"——为宇宙效劳。当然,关于天体功能,拉姆普里亚斯突出的是月亮的作用,这无疑是在建构月亮的自然目的论。接下来,拉姆普里亚斯又批驳了廊下派的一个观点,即稀薄的以太构成天空,而浓缩的以太成为星星,①这些星星中最迟钝最混浊的就是月亮。这个说法不仅否认了月亮的土质性,也否认了月亮的自然目的。对此,拉姆普里亚斯的反驳理由是,月亮并未与以太相分离,月亮周围和下方都有大量以太。

第16节:一般认为,本节是"科学部分"的又一次内容转换,即重新回到对先前讨论的回顾。因为此时亚里士多德发言,提到逍遥学派的观点,即星星(包括月亮)是由一种比地球上的四种物质——土、水、气、火——更高级的物质(也就是所谓"第五元素")构成的。他询问先前讨论对此观点是否有所涉及。于是,卢修斯——拉姆普里亚斯已经打算把发言权交给他——针对这个观点进行了回应。卢修斯回应的要点是,月面的形象本身就说明月亮不是由一种纯粹的物质构成的,而是不同物质混合的结果,而一旦混合,纯粹的物质就会因受到较低级物质的侵染而失去纯粹性。接着,他转而讨论月亮的发光原因,指出,月亮发光不是由于月亮本身稀薄而被太阳光照透,也不是由于月亮与太阳光相结合并点燃自身的光,而是因为遮挡住了太阳。卢修斯指出,"我们的伙伴"在先前的讨论中对阿那克萨戈拉的"太阳给月亮光辉"这一命题做出了令

---

① 类似说法在中国古代十分流行。中国古人多认为,天是太虚,是无涯的积气,而"日月星宿,亦积气中之有光耀者"(《列子·天瑞》),到宋代仍普遍接受这个看法。参看李申,《中国古代哲学和自然科学》,上海:上海人民出版社,2002年,页666。

人赞赏的论证。① 随后,卢修斯又反驳了波西多尼的见解,即月亮很厚,所以阳光无法照透。卢修斯的反驳理由是,即使是无边无际的空气都能被阳光完全照亮。他支持恩培多克勒关于月光来自月亮对太阳光的反射的看法。他说,月光既不温暖也不明亮,正是太阳光经过反射之后力度减弱的结果,同时也印证了月亮上不存在引火物,因为如果月亮与阳光相结合并借助引火物点燃自身,那么月光应该是温暖而明亮的。

第17节:这时苏拉插话,提请注意半月时月光对地球的照射问题,认为这可以否定月光是月亮对太阳的反射光,其前提是"所有反射都发生在相同的角度"。于是,卢修斯开始回顾先前讨论中对这个与反射光学有关的问题的分析,以解释苏拉的疑问。卢修斯发言的要点是反驳"所有反射都发生在相同的角度"这一命题。他分析说,凸镜和折叠镜现象都说明并非所有反射都发生在相同的角度。而且,发生在相同角度的反射,只有在绝对光滑的镜子上才有可能,但月亮表面并不光滑,而是崎岖不平的,②因此反射光线是交叉在一起的,而且光线在传播过程中也可能发生转向,以至于模糊和歪曲。

第18节:卢修斯继续从光学角度反驳月亮由轻飘物质构成和月亮物质燃烧的观点。反驳的要点是,如果构成月亮的是稀薄发光的气体,那么它会很容易地被太阳光充满,而不可能只触及月亮的表面部分,也难以设想光与光之间或者火与火之间会发生反弹或反射,因为造成反射的东西应该是质地紧凑的,不会被光线穿透。因此,月亮发光不是由于月亮的光与太阳的光相结合,而是因为阳光照射在月亮上并发生了反射。而阳光照射在月亮上使月亮发亮,与

---

① 中国古代的"日受月光"说最早见于西汉中期的《周髀算经》(卷下):"故日兆月,月光乃出,故成明月。"参看陈美东,《中国古代天文学思想》,北京:中国科学技术出版社,2007年,页411—412。

② 中国古代对月面凹凸不平的认识最早见于汉代纬书,如《易纬·乾坤凿度》中说:"月,坎也,……坎,不平。"《河图纬·帝览嬉》也说:"月者,金之精也,月有窟。"参看陈美东,《中国古代天文学思想》,前揭,2007年,页413、423。

阳光照射在地球上使地球被照亮,在本质上是一样的,由此可知,构成地球的物质与构成月亮的物质应该是类似的。

第19节:拉姆普里亚斯对卢修斯的上述论证表示称赞。接着,卢修斯指出,月亮与地球的类似,不仅是因为类似介质对两者的作用类似,而且也因为两者对太阳的作用也相似。于是开始讨论日食的原理。首先引述品达、荷马等诗人描写日食的诗句,然后指出日食的发生是由于太阳被月亮遮挡,日食的原理与黑夜的原理是一致的,两者都属于星掩现象,只不过,黑夜是太阳被地球遮挡住了。由此再次证明了月亮与地球具有类似介质。卢修斯还进一步解释了日食造成的黑暗没有夜晚那么黑的原因,认为这是由于月亮与地球的体积不一样,地球远大于月亮,因而地球对太阳的遮挡比较彻底,使我们在夜晚完全看不到太阳,也因此,只有那些视线被月球阴影遮蔽的人才看得见日食。

第20节:拉姆普里亚斯提醒卢修斯,按照先前的讨论,接下来要通过月食来论证月亮构成物质的性质。忒翁请卢修斯对此进行详细解释,然后他自己先简要陈述了日食月食现象发生的基本原理,即地球、太阳和月亮呈直线时,如果是月亮居中,就发生日食,如果是地球居中,就发生月食。卢修斯主要补充解释了三个方面的问题,第一,月食时黑暗部分相对于明亮部分的轮廓线是弓形曲线的原因;第二,月亮首先被蚀的部分为东面,而太阳为西面的原因;第三,月食持续时间有长有短的原因。这些分析实际上还是为反驳廊下派关于月亮物质之性质的观点服务的。按照廊下派所言,如果月亮是发光的星体,其自身有微弱的火,那么当它进入地球阴影中时,它应该显得更亮,因为"亮的东西与暗的东西比较时就显得特别亮",而不是反而隐藏起来;当它在地球阴影之外时,由于暴露在阳光之下,反而应该是隐藏的,因为"任何一种火在阳光下都不仅丧失光亮,而且作用力和强度降低"。但事实恰恰相反,这说明廊下派对月亮构成物质的判断是错误的。

第21节:此时,法尔纳克斯和阿波罗尼德斯都跃跃欲试想要反驳。法尔纳克斯先发言,他指出,月亮在月食中并非完全不可见,而是显出阴燃的颜色,这就说明月亮是火。阿波罗尼德斯则随后提出对于"阴影"一词的异议,说"阴影"一词只是指称无光的区域。接下来由拉姆普里亚斯进行回应。他首先指出,只要月亮进入被地球遮蔽的区域,它就会被遮住,这与"阴影"一词指称什么没有关系。接着他主要针对法尔纳克斯的意见详细解释了与月食颜色有关的问题。他首先指出,如果阴燃的颜色真是月亮本身的颜色,那么这反而证明月面是土质的,因为这种颜色是结构紧凑的固体物燃烧的颜色特征,稀薄气体燃烧后不会有痕迹留存。不过,他说,这种阴燃的颜色并不是月亮的本色,月食发生时颜色是多变的,而且变化的规律可以辨识出来。阴燃之色不过是阴影周围的颜色。他还以湖边的遮阳篷使倒影呈现遮阳篷的颜色为例,做了一个有趣的类比,以说明月食阴影颜色的由来。接着,他重申月亮表面是不平坦的土地,既有开阔地,也有山峦,但这并不减损月亮的神圣性。尊崇月亮是希腊人的古老习俗,月亮物质是天上的土的事实不应影响人们对她的尊崇,也不说明月亮是没有心智和灵魂的。月亮上还有巨大的沟壑,里面充满水和空气,①太阳光照射不进去,所以传回的月面形象是不连贯的。

第22节:此时,阿波罗尼德斯插话进来,认为月亮上不存在巨大的沟壑。他的基本理由是,按照我们所见月面阴影斑点的尺寸比例,如果月亮上有巨大的沟壑深谷的话,那么这些沟壑必须非常巨大才能投射出这样的阴影,而这是十分可疑的,因为如果有这么大的沟壑,应该为我们所见。拉姆普里亚斯则反驳说,投射的影子越大,并不意味着投射影子的东西就越大。月亮阴影纵深明显,可能

---

① 以为月中有水,倒是与中国古人的看法十分相似,春秋时期的计然就认为:"月,水之精也,水者,内景"(《北堂书钞》一百五十两引,《开元占经》十一,《太平御览》四),即"月亮由水的精气所成,水的特性是接纳、内涵光和热,这也正是月亮的特性"。《淮南子·天文训》也说:"积阴之寒气为水,水气之精者为月。"参看陈美东,《中国古代天文学思想》,前揭,页357、358。

是由于光源遥远,而不是因为月亮上有那么大的深谷。另外,阳光太耀眼,也使人们无法看清月亮上的深谷,而只能看见明暗对比。

第 23 节:在本节中,拉姆普里亚斯自己谈到先前讨论中曾提出的一个否认月亮反射的说法。阿波罗尼德斯随后也表示了相同的疑惑。这个说法的要点是:月亮既然是以反射光照亮地球,当人眼处于反射光的路径上,那么应该看到月面显现出太阳的外观。而既然事实并非如此,那么就说明月光并非经由反射发生。接着,拉姆普里亚斯提出两点反驳:首先,只有表面极为光滑的镜子才可能呈现这种映象。事实上即便是牛奶也不能传回这种映象,何况是表面如此不规则的月亮;第二,只有当"镜面"十分靠近眼睛的时候,才有可能呈现这种映象,例如水中可以看到太阳的映像。但由于作为"镜面"的月亮与眼睛相距遥远,当光线经过月亮的反射到达地球后已经十分微弱,根本无力再经由原路径反弹到太阳,所以,我们在月面中看不到太阳的轮廓不足为奇。

第 24 节:从本节开始,对话进入"过渡阶段"。拉姆普里亚斯明确说对先前讨论的回顾已经结束,并准备请苏拉来讲述他之前已答应讲的神话。此时,众人也在拉姆普里亚斯的提议下,不再边散步边谈,而是坐到椅子上准备听苏拉讲神话,但忒翁提出想先听一听关于月亮人的事情,严格说,是要求拉姆普里亚斯或卢修斯论证一下月亮的可居性问题,因为在他看来,如果月亮是不可居的,那么月亮就不是土质性的。他的理由是,地球之所以具有土质性,就是为了人类居住服务,"这是我们的土地形成的目的",因此,土质性与可居性之间有必然联系,如果月亮不可居,那么月亮的土地就没有目的,而月亮不可能没有目的。显然,他完全是以自然目的论作为立论基础的。他引述了一些关于月亮人的传闻,①但他对月亮人的

---

① 无独有偶,中国古代道教典籍中也有关于月亮人的说法,如《上清黄气阳精三道顺行经》中说:"月中人长一丈六尺,悉衣青色之衣。"转自陈美东,《中国古代天文学思想》,前揭,页 363。

存在持怀疑态度,怀疑的理由主要有以下几点:

1. 月亮的运动方式十分复杂,没有规则可循,因此,月亮人为何不会掉落下来?
2. 如果每当满月的时候,太阳都垂直位于月亮人的上方,那他们如何忍受如此高温气候?
3. 月亮上没有风、云、雨,植物也不可能生长,月亮人何以为生?

第25节:本节的基本内容是拉姆普里亚斯对忒翁上述说法(即月亮无目的和月亮人不可能存在)的反驳。拉姆普里亚斯的反驳仍然是以自然目的论为基础的。首先,他指出,即使月亮上无人居住,也不能说明月亮没有目的。因为地球上许多无人居住的地方,如海洋、冰冻的地区等,事实上都对人类生存有重要的助益,如:

当夏天的炎热达到顶峰时,无人居住的和冰冻的地区通过逐渐融化的雪释放并发散出最令人愉悦的风。

第二,他认为月亮人是有可能存在的,即月亮具有可居性。其理由主要有以下几条:1. 月亮的旋转运动虽然复杂,但并非没有规则,事实上,月亮的旋转十分柔和,空气流畅,因此月亮人不会掉落或滑倒;2. 天体之合会减少月亮上的高温季节,月亮上的稀薄空气也会驱散过多的热量;3. 自然具有多样性,地球上的一些生物就具有在常人看来十分特殊的环境适应能力——库恩斯的《普鲁塔克的〈论月面〉的地理学意义》一文对此观点给予了高度重视——因此,可以设想月亮上也能够生长出特定的生物,而月亮人也可能可以"从他们所碰到的任何东西那里获取滋养",况且"月亮本身的气质不是火热干燥的,而是柔软湿润的"。当然,对于这些事情,拉姆普里亚斯一直使用的是猜测的语气。这种猜测之所以有其合理性,是因为它容许一种换位性的非地球中心的思路和态度。在本节的结尾,他设想月亮人也许也会对地球感到好奇,甚至将地球当作地狱和坦塔罗斯的所在地。

第26节：从本节开始直到对话结束，是由迦太基人苏拉讲述的"神话部分"。本节是"神话部分"的第一小节，主要内容是神话来源的背景介绍，它为神话的正文"提供了一个貌似真实的历史构架"（汉密尔顿《普鲁塔克〈论月面〉中的神话》），是以苏拉的口吻讲述的。他声称曾在迦太基遇到一个陌生人，此人来自一片很大的海外大陆。① 这片大陆沿岸的希腊居民每隔三十年就派遣使者代表团到这片大陆与欧洲海岸之间的克罗诺斯岛上侍奉神明——克罗诺斯被宙斯囚禁于此岛，处于睡眠之中，由一些精灵伺候——他们在这座环境优美的岛上经常举行各种献祭和庆典，并进行哲学研究。苏拉所说的这个陌生人就是使者代表团中的一员。当接替的使团到来之后，他就离开克罗诺斯岛，访问"大海岛"（也就是我们所在的大陆），于是在迦太基遇见苏拉，然后把他从克罗诺斯的精灵侍从那里听来的事情告诉苏拉，说月亮是格外值得崇敬的神，因为她统辖着生和死。

第27节：从本节开始，苏拉以陌生人的口吻具体转述神话。陌生人说，地球女神叫德墨忒尔，月亮女神则有两个名字，一个是科拉，一个是珀耳塞福涅。地球女神与月亮女神分开时彼此渴望对方，因此经常在阴影中拥抱。这是以神话形式解释月食。他还说，地球上的好人在第一次死后被送到月亮上，等待第二次死亡。

第28节：在本节中，陌生人首先提出，人是由三个部分构成的混合体，这三个部分分别是身体、灵魂和心智。心智优越于灵魂，而灵魂优越于身体。灵魂与身体相混合产生非理性的情感性要素，而灵魂与心智相结合则产生理性，前者是苦乐之源，后者是善恶之源。随后，他将人的这三部分的生成分别与地球、月亮以及太阳联系起来，即地球提供身体，月亮提供灵魂，太阳提供心智。值得注意的是，陌生人说道："〔太阳〕为人类的生成提供心智，正如他也为月亮本身提供光辉。"这实际上是将神学目的论与自然目的论进行了类

---

① 这一点曾经引发了关于古人是否知道美洲大陆存在的热烈争论。

比。接着,他又将人的死亡与这三种天体相联系,认为人有两次死亡,第一次死亡发生在属于德墨忒尔的地球上,其结果是心智和灵魂脱离身体,脱离的过程是粗暴的;第二次死亡发生在属于珀耳塞福涅的月亮上,其结果是心智脱离灵魂,这个脱离的过程是柔和的。(包含心智的)灵魂从身体中流出时,先要在地球和月亮之间的区域漫游。不正义的灵魂在此受罚,好的灵魂(在一生中使灵魂中的非理性因素接受理性驾驭的人的灵魂)也必须在"天空最温和的部分"(所谓"哈得斯的草地")接受一定时间的净化,然后来到月亮上,得到月亮上各种气体的滋养。

第 29 节:在本节中,陌生人主要在神话的范围内讲述月亮的本质。他说月亮是星和土的混合物,既有生命力,又是肥沃的,而且轻重比例平衡。这实际上肯定了先前拉姆普里亚斯和卢修斯关于月亮本质的看法。接着,他引述了克塞诺克拉底关于三种密度的说法,月亮由第二密度和适合她的空气构成。他说,月亮比人们一般认为的要大很多倍。月食时敲锣打鼓风俗的目的是为了吓退那些想攀上月亮的坏灵魂,而月面的形象也会把它们吓跑。月亮上有两条很长的深谷,被称作"大门",其中一个朝天上,另一个朝地球,灵魂们通过这两扇大门,时而到达朝天上的一面,时而到达朝地球的一面。

第 30 节:陌生人接着说,灵魂们并不在月亮上长期停留,而是会被派往地球,接管神庙,惩戒恶行,救死扶伤,总之是行正义之事。如果他们有不正义的表现,就会被重新罚入身体。当他们最终完成改造,心智脱离出来,这是由于热爱太阳中所显现出的至高至圣至美的东西,这是万物都向往的。月亮本身也是出于对太阳的热爱,才环绕太阳,并与之交合。显然,这里使用了性语言来描述月亮与太阳的亲密关系,①其中隐藏了"爱欲"问题。我们可以比较柏拉图

---

① 太阳与月亮的关系在中国古代常被比附为君臣关系,如元代史伯璿《管窥外编》中就说:"窃以为日君象,臣主敬君。"而且,此类天人感应之说与科学式的讨论常常并行不悖,相互掺杂。

笔下的苏格拉底把灵魂中最重要的现象描述为"爱欲",而"爱欲"是"一种压倒一切朝向太阳的吸引力,它滋养并拓展了灵魂"①。当灵魂被心智抛弃后,温和灵魂的形体会悄然枯萎,而那些不安分的灵魂的形体则仿佛在做梦。月亮会阻止此类灵魂回到地球再投胎,一些在地球上为害的生灵就是由于此类灵魂盘踞而成。月亮不断将此类灵魂召唤回去,并改造它们,使之有序。接下来,他又较为详细地讲述了日、地、月三者在人类生成过程中的作用:太阳提供了人之为人最为根本的东西,即心智,将心智的种子撒播在月亮上,这个过程类似于受精作用。月亮在接受心智后生出了灵魂,地球则提供了身体。月亮在这一过程中既获取又付出,承担了既整合又拆解的功能。在人的这三部分中,灵魂是混合性、中介性的东西,与主导灵魂的月亮作为上下界事物的混合体的地位是类似的。在对话的末尾,苏拉颇有意味地说:"你们可以按自己的意愿理解这个故事。"

我的译文译自凯尔尼斯(Harold Cherniss)的英译本,该译本在西方古典学界深受好评:

> 如今研究《论月面》,没有人可以不倚重凯尔尼斯的版本、译文以及他的那些博学得几乎让人难以置信的注释。②

笔者还译出了凯尔尼斯的英译本导言和两篇颇有见地的研究文章,即库恩斯(Paul Coones)的《〈论月面〉的地理学意义》和汉密尔顿(W. Hamilton)的《〈论月面〉中的神话》,前者探讨了《论月面》中的地理环境观及其与两种目的论形式的关系问题,后者主要论证了《论月面》中的神话与《蒂迈欧》相关神话的内在关联,希望能对读者的研读有所帮助。正文中的方括号[ ]是为了补足语气或文意而加的,尖括号〈 〉中的文字则是凯尔尼斯的英译本所有。为了阅

---

① 布鲁姆,《爱的阶梯》,见柏拉图等,《柏拉图的〈会饮〉》,刘小枫等译,北京:华夏出版社,2003年,页213。
② A. Wasserstein, "Review",见 *Isis*, vol. 64, No. 2(Jun.,1973),页257–258。

读方便起见,中译对一些与校勘有关的注释略有删节。由于注释涉及很多生僻文献,为免出错,一律保留原文书名和作者名。

2013 年 8 月 28 日
成　都

论月面

普鲁塔克

一

……这些是苏拉的话。① 苏拉说:"由于它涉及我的故事,并且是原始资料;但我首先想了解一下,是不是有必要回到那些已成为街谈巷议的关于月面的流行看法,以便重新起航。"②我说:③"你以为我们还做过别的什么呀?正是这些看法中的疑难迫使我们的航线转向其他地方,就好像得了慢性病的人,对常规治疗和通常的养生法感到绝望,而转向赎罪、避邪和释梦。当那些通常的、出名的、习惯上的解释不能说服我们的时候,我们陷入晦涩和令人困惑的思索之中,就有必要试试那些脱离常规的观点,不轻视它们,反而要亲自逐字地反复吟诵古人的咒语,并千方百计检验事实真相。④

---

① 关于该对话开头的残缺,参看凯尔尼斯,《普鲁塔克的〈论月面〉及其对近代的影响》,见本书。

② 关于这个隐喻,参看 Plutarch, *An Seni Respublica Gerenda Sit*, 787e 以及 Plato, *Philebus*, 13d;下文的 ἀπωσθέντες [迫使我们的航线转向] 确定了其含义。参看(在第 26 节开头)苏拉打断拉姆普里亚斯的话时所用的航海隐喻。

③ 该对话的讲述者是拉姆普里亚斯,普鲁塔克的兄弟。

④ 参看 Plato, *Phaedo*, 77e、114d 和 *Republic*, 608a。

二

"呃,首先,你晓得,将我们在月亮里所见到的形象当作一种视觉倾向的看法是荒谬的,〔这种看法的理由是〕在我们称为〈眼花缭乱〉的情形下,视觉会从微弱变得极亮。所有持这种观点的人①都没有注意到,这一现象应该更适合观看太阳时的情况。因为太阳光是猛烈刺眼的(如恩培多克勒在某处恰当地描绘了两者的差异:'刺目的太阳与柔和的月亮。'②他以此方式说到月光的魅力、令人愉悦和无害性)。而且,他们也〈不〉能解释,为何昏暗微弱的眼力分辨不出月中形状,而其球体外形对这样的眼睛却有均匀而充足的光,然而,那些敏锐健康的眼力能更准确清楚地辨认出月面轮廓的图案,而且更清晰地察觉变化。

"我认为,事实上,如果这种影像产生于眼睛无法忍受时的影响,那么情况恰好相反:主体受到的影响越微弱,影像的呈现〈越清晰〉。不均匀性也完全否定了这一假说,因为人们看到的阴影不是连续而混乱的。〔对此,〕阿格西亚纳克斯(Agesianax)有很好的描写:'她闪烁在环绕的火焰中,少女的眼睛比天空更蓝,脸上有秀丽的眉毛。'③事实上,暗点潜伏于亮点之下,暗点包围并限制了亮点,同时也被亮点限制和削

---

① 如果普鲁塔克心中有一个明确的人,那我无法确定此人。Adler(*Diss. Phil. Vind.* x, 1910, 页127) 认为ὁ λέγων指一个物理学家,此人的名字普鲁塔克自己可能也不知道,Raingeard 认为这个词指一般意义上的 esprits cultivés。

② 残篇40(i,页329. 11〔Diels - Kranz〕)。

③ Schmid(Christ – Schmid – Stählin, *Gesch. der griech. Litteratur*⁶, ii. 1, 页164, 注5)以为这里引用的诗句出自赫格西亚纳克斯(Hegesianax)的天文诗; Susemihl (*Gesch. der griech. Litteratur in der Alexandrinerzeit*, ii, 页33, 注19), Schaefer (*R. E.* i. 795)以及Stähelin (*R. E.* vii. 2603. 59以下)也持此说。Powell, *Collectanea Alexandrina*, 页8, 将这几行诗印为赫格西亚纳克斯的 *Phaenomena* 中的残篇1, 但他指出,Cod. A Catalogi Interpretum Arati 给出的作者是Ἀγησιάναξ(即 Agesianax)。

减,它们彼此完全纠缠在一起,〈这样〉就使形象之〈貌〉类似画面。亚里士多德,〈这〉好像也是讲①一个针对你的克里阿卡斯(Clearchus)②的中肯的要点。因为此人是你们学派的,他还是古代亚里士多德的助手,尽管他确实歪曲了逍遥学派的许多学说。"③

三

阿波罗尼德斯插话进来问克里阿卡斯的观点到底是什么。我说:"你是最不应该不知道这个理论的人,因为这个理论看起来就是建立在几何学的基础上。你看,这个人断言所谓的月影是由类似镜子的东西组成的,它是大洋在月亮中的映象,④因为被反射的视线自然地从许多点到达不能直接可见的物体,而均匀有光泽的满月本身⑤是最明亮最清晰的镜子。那么,正如你所认为的,视线到太阳的反射可以解释云中的〈彩虹〉,因为在云中,湿气变得比较均匀而且

---

① 即在先前的讨论中。为了回报苏拉给予的恩惠,拉姆普里亚斯正在讲述那次讨论。

② Clearchus of Soli 是亚里士多德的学生;Wehrli, *Die Schule des Aristoteles*, Heft III: Klearchos, 残篇 97(参看 *A. J. P.* lxx, 1949, 页 417 – 418)。

③ ὁ Περίπατος〔漫步者〕一词通常指亚里士多德的学派,参看 Plutarch, *De Musica*, 1131f 和 *Adv. Coloten* 中的"逍遥学派"1115a – b 以及 *Sulla*, xxvi(468b)。

④ Aëtius(ii. 30. 1〔*Dox. Graeci*, 页 361b10 – 13〕) = Stobaeus(*Eclogae*, i. 26. 4), Lucian(*Icaromenippus*, §20)以及 Simplicius(*De Caelo*, 页 457. 15 – 16)都提到类似的观点;十至十一世纪的阿拉伯天文学家 Ibn Al - Haitham(965 – 1039)记录并反驳了这一观点(参看 Schoy 的译文,页 1 – 2 和页 5 – 6)。鲁道夫二世相信,月亮上的斑点是意大利半岛和意大利大岛屿的映象(参看 Pixis, *Kepler als Geograph*, Munich, 1899, 页 102 所引 Kepler,〔*Opera Omnia*〕, ii, 页 491);A. von Humboldt, *Kosmos*, v, Stuttgart, 1850, 页 544, 说有个来自伊斯法罕的波斯人断言我们所看到的月面图像是地球图(参看 Ebner, *Geographische Hinweise und Anklänge in Plutarchs Schrift, de facie*, 页 13, 注 3)。

⑤ 即其平坦光滑的表面。

〈变浓〉。① 克里阿卡斯由此认为,人们在月亮中看到了外海洋,并不是外海洋的实际位置在月亮上,而是视线从那里转向外海洋,然后把外海洋的映像传给我们。因此,阿格西亚纳克斯在某处又写道:对面的大海波涛汹涌,倒映在镜片般的火焰中。"

四

阿波罗尼德斯很高兴。他说:"这个假说设计得太独特、太有原创性哦。提出这个假说的人真是大胆而且有学养。但你是怎么反驳的呢?"我说:"首先,外海洋是个单一物体,是汇流而连绵的海,② 但月亮中的暗点看起来并不只有一个,而是有某种类似地峡的地方在它们中间,明亮部分分割并限定了阴暗部分。这样,由于每一部分是相分离的并有各自的边界,投射在阴影上的光层,③ 就呈现出高高低低的外观,④ 从而形成酷似嘴眼的形象。因此,我们必须假设存在几个被地峡和大陆隔开的外海洋,而这是荒谬而错误的。或者,如果海洋是单一的,那它的映象就不应该是这样非连续的。

"请告诉我,是否可能有这样的事情——因为在你面前,把它当作一个问题比当作结论更安全一些:虽然有人居住的世界有长度和

---

① 关于彩虹是太阳在云中的映象,参看 Plutarch, *De Iside*, 358f, *Amatorius*, 765e – f(该处的措辞与当前段落十分类似), *De Placitis*, 894c – f(= Aëtius, iii. 5, 3 – 10 和 11 〔*Dox. Graeci*, 页 372 – 373〕)。根据 Aëtius, iii. 5, 11(= *De Placitis*, 894f), 阿那克萨戈拉持此说(参看残篇 B19 = ii, 页 41. 8 – 11〔Diels – Kranz〕)。亚里士多德在 *Meteorology*(iii. 4, 373a32 – 375b25)中发挥了此说(参看 Areius Didymus 的 *Epitome*, 残篇 14 = *Dox. Graeci*, 页 455. 14 以下和 Seneca, Nat. Quaest. , i. 3)。Adler(*Diss. phil. Vind.* x, 1910, 页 128 – 129)认为波希多尼是普鲁塔克此处所述理论的来源。关于亚里士多德与波希多尼的理论差异, 参看 O. Gilbert, *Die meteorologischen Theorien des griechischen Altertums*, 页 614 – 616。

② Powell, *Collectanea Alexandrina*, 页 9, 将这几行诗印为 Hegesianax 的 *Phaenomena* 中的残篇 2。

③ 参看 Strabo, i. 1. 8(i, 页 6. 4 – 7〔Meineke〕)。

④ 这是关于绘画的语言;参看 Lucian, *Zeuxis*, 5。

宽度,但所有从月亮反射回的视线,应该以相似方式抵达海洋,即便是正在大洋本身中航行之人的视线,或者是居住在海中之人(如大不列颠人)的视线,即便地球如你们所言①与月球轨道没有中心关联。好,你要考虑的就是这一点。但是视觉映象,无论是关于月亮的,还是〈一般而言的〉,都超出了你和希帕尔库斯的专长领域。②虽然希帕尔库斯勤奋刻苦,仍然有许多人发现,他对视觉自身性质的解释不能令人满意。按他的解释,〈视觉〉很可能包含了一种交感性的组合和融合,③而不是伊壁鸠鲁所设想的像原子的碰撞和反弹那样。④

"此外,我想,克里阿卡斯不会认同我们假定月球是个有重量的固体之物,而是如你所言,认为月球是轻飘而发光的星体;⑤〈而〉这样的月会使视线分散并转向,从而根本不可能有映象。但如果有人否认我们的异议,那我们会问,海洋的映像为何只在月亮的表面呈现,而在其他众多星体中都见不到,按理说,它们都会或都不会以这种方式影响视线。但是,〈这一点让我们就说到这里;而且你〉,"我瞥了一眼卢修斯,说,"让我想起来我们的立场首先是从哪个部分说起的。"

---

① 即"你们数学家"。这里指希帕尔库斯的月亮运动理论的古怪。关于该话题的答辩以及对这个句子的详细解释,参看 *Class. Phil.* xlvi,1951,页 137 – 138。

② 因为希帕尔库斯是数学家,不是物理学家。

③ 柏拉图的理论;参看 *Timaeus*, 45c 和 Plutarch, *De Placitis*, 901b – c = Aëtius, iv. 13. 11(*Dox. Graeci*,页 404)。

④ 参看 Plutarch, *Adv. Coloten*, 1112c 和 *De Placitis*, 901a – b = Aëtius, iv. 13. 1 (*Dox. Graeci*,403. 2 – 4)。这段话似乎暗示希帕尔库斯对视觉的解释与伊壁鸠鲁类似。不过,在 *De Placitis*,901b = Aëtius, iv. 13. 9(*Dox. Graeci*,页 404)中,有一种被归于希帕尔库斯的视觉理论,与原子论者的视觉理论完全不同。但希帕尔库斯之名可能存在错误,参看 *Class. phil.* xlvi,1951,154。

⑤ 拉姆普里亚斯说话的对象是阿波罗尼德斯和亚里士多德,因为认为月亮是轻飘而发光的星体的理论属于逍遥学派(参看第 16 节中亚里士多德的观点及那里的相关注释),这个观点被归于克里阿卡斯的原因也在这里。

五

卢修斯随即说:"不,这样忽略了廊下派的观点,恐怕会让人觉得我们断然侮慢了法尔纳克斯,为此,现在务必对这位绅士的说法有所评议。他认为月亮是空气与柔和之火的混合物,而且说影像的显现是空气变黑的结果,就像平静的水面下掀起了波澜。"① 我说:"卢修斯,你真是〈太〉好了,用这么多语言粉饰这谬论。我们的伙伴可不这样;② 但他说,真相是他们用污垢和伤痕污染了月亮,玷污了月亮的眼睛,他们称她为阿耳特弥斯③ 和雅典娜④,与此同时,又把她当成一团黑气和闷火混合出来的本身既不燃烧也不发光的东西,当成一种混杂的物体,永远被烧灼,冒着烟,像黑暗中发生的雷击一样,用诗人的话说是骇人的(lurid)。⑤ 然而,他们所设想的月亮闷火,如果没有掩覆并同时保持它的固体燃料,根本不可能存

---

① Von Arnim(*S. V. F.*,ii,页198)将此言以及随后的几句话印为克吕西波(Chrysippus)的物理学断片中的残篇 673。关于月亮是一个气火混合体的廊下派学说,参看 Plutarch,*De Placitis*,891b 和 892b (= Aëtius, ii. 25. 5〔*Dox. Graeci*,页356〕和 ii. 30. 5〔*Dox. Graeci*,页 361〕)以及 *S. V. F.*,ii,页 136. 32。此处提到的"柔和之火"原文是 πῦρ τεχνικόν,区别于破坏性的火,参看 *S. V. F.*,i,页 34. 22 – 27 和 ii,页 200. 14 – 16。关于廊下派的月面解释,参看 *S. V. F.*,ii,页 199. 3 – 5 (= Philo Judaeus,*De Somniis*,i,§145);关于波纹比喻,参看 *Iliad*,vii. 页 63 – 64。

② 见下文第 16、17 节。这个伙伴是早先讨论的主持者,那次讨论在这里被简要复述。此人可能就是普鲁塔克本人(Hirzel〔*Der Dialog*,页 184,注 2〕和 Hartman〔*De Plutarcho*,页557〕都持此说);参看 Plutarch,*De Tuenda Sanitate*,122f 中的一个类似情形,以及 *Quaest. Conviv.*,643c,在该处 Hagias 称普鲁塔克为伙伴。

③ 参看 *S. V. F.*,ii,页 212. 38 – 39(Chrysippus),页 217. 12 – 13(Diogenes of Babylon);*Quaest. Conviv.*,658f – 659A 和 Roscher,*über Selene und Verwandtes*,页 116。

④ 参看下文 938b。在 Plutarch,*De Iside*,354c 中,伊希斯(后来被当作月亮〔372d〕)被认为就是雅典娜(参看 376a)。参看 Roscher,*über Selene und Verwandtes*,页 123 – 124。

⑤ 参看 *Odyssey*,xxiii,330 和 xxiv,539;Hesiod,*Theogony*,515;Pindar,*Nemean*,x. 71;Aristotle,*Meteorology*,371a17 – 24。

在或维持。① 有人开玩笑说,赫淮斯托斯被说成瘸子的原因是火没有木头就烧不下去,就像没有拐棍的瘸子走不了路,我看这些个哲学家还不如这些人明白。②

"如果月亮真的是火,月亮中那么多空气从何而来呢?因为我们所看到的在我们上方旋转的区域不是由空气构成的,而是由一种高等物质构成的,其性质是使所有东西变得稀薄,并使之燃烧。如果空气真的在那里形成,那它为什么没有被火烤成以太(etherealized)③并在此变化中消失,而是长时间与火并存,好像钉子把它永远钉在相同的点上并固定在一起?空气是稀薄的,没有外形,因此,它会自然漂移,不会停留在一个地方。而且,如果空气与火混合在一起,并且不带有水汽或土质,是不会凝固的——只有水汽或土会使空气凝固。④ 此外,快速运动会点燃石头中的空气和冷铅中的空气,更不用说被包围在如此高速运转的火中的空气。⑤

"恩培多克勒让他们感到恼火,因为他声称月亮是像冰雹一样的被火球环绕的空气冻结物,⑥但为什么他们自己说月亮是一个包着空气的火球,空气在火球中四处散布,还说这个球既没有裂缝,也没有深度和孔隙——认为月球是一个土质球体的人则承认有这样的裂缝、深度和孔隙——却有空气明显地停留在其凸面上。如此停

---

① 见下文第 21 节。

② 参看 Cornutus,第 18 章(页 33. 18 – 22 Lang);*Heracliti Quaestiones Homericae*, § 26 (页 41. 2 – 6,Oelmann)。

③ 参看 *S. V. F.*,ii,页 184. 2 – 5。这里的"以太(ether)"是廊下派所说的以太,也就是一种火(参看 Plutarch,*De Primo Frigido*,951c – d 和下文第 15 节最后一个注),不是亚里士多德的"第五元素",它没有进入单一物体的变化进程。

④ 参看 Plutarch,*De Primo Frigido*,951d,952b,953d – 954a。但 949b 出现的廊下派观点(*S. V. F.*,ii,页 142. 6 – 10)是,凝固(πῆξις)是由气体在水中产生的状态,而且,盖伦(Galen)说(*S. V. F.*,ii,页 145. 8 – 11),根据廊下派的学说,土的硬度和抗耐性由火和气造成。

⑤ 参看 Aristotle,*De Caelo*,289a19 – 32,*Meteorology*,341a17 – 19;Ideler,*Aristotle Meteorologica*,i,页 359 – 360。

⑥ Empedocles,A60(i,页 294. 24 – 31〔Diels – Kranz〕);参看〔Plutarch〕,*Stromat.*, § 10 = *Dox. Graeci*,页 582. 12 – 15 = i,页 288. 30 – 32(Diels – Kranz);和 C. E. Millard,*On the Interpretation of Empedocles*,页 65 – 68。

留既违反常理,也不符合满月时人们所观察到的情况。

"按照这种假设,黑暗与阴暗的空气应该没有差别;但是,所有的空气在被遮住的时候都会变暗,或者当月亮被太阳赶上的时候,所有的空气都放出均匀的光芒。因为,也和我们的看法一样,虽然在土地深处和空穴里的空气,由于太阳光无论如何都照射不到而阴暗无光,但弥漫在土地表面的空气,则呈现出发光明亮之色。原因在于空气的稀薄性能与任何特性和任何〔外界〕影响力发生微妙的调合;尤其是当它接触到光线,或者用你的话说,只是与光相切的时候,它就会彻底被改变,完全被照亮。① 所以,同样是这一点,似乎为认为月亮上的空气聚集在某种深渊和裂缝中的人提供了非常恰当的佐证,同时完全反驳了你们的观点,即认为月球是由气与火构成的莫名其妙的混合物或化合物,因为当阳光照射在我们可见范围内的月亮上的时候,阴影不可能停留在月球表面。"②

六

我正说的时候,法尔纳克斯插话道:"我们又碰到柏拉图派的惯用伎俩了。③ 他们每次跟别人讨论的时候都不提出对自己论断的任何解释,但总是让他们的对话者处于守势,以免他们的对话者变成控方。今天呢,在我叫你们这些人为颠倒宇宙提供解释之前,你们

---

① 参看 Chrysippus,残篇 570(*S. V. F.*, ii,页 178. 20 – 22);参看 Plutarch, *De Primo Frigido*, 952f. 拉姆普里亚斯用 ὥς φατε 一词称法尔纳克斯为廊下派代表。他的关于空气在光的照射下一触即变的学说见下文第 18 节及该处的参考资料。亚里士多德最早提出,任何时候只要存在光,透明中介物就会瞬间被通体改变(参看 Aristotle, *De Sensu*, 446b27 – 447a10 和 *De Anima*, 418b9 以下)。

② 即针对廊下派的理论。

③ 苏格拉底的对话者经常这样抱怨。参看 Xenophon, *Memorabilia*, 第四章 4.9;Plato, *Republic*, 336c; Aristotle, *Soph. Elench.*, 183b6 – 8。

可不能诱惑我为廊下派辩护,驳斥你们的指控。"卢修斯随即笑道:"哦,先生,好的,只是不要告我们不虔敬,不要像克勒安忒斯(Cleanthes)那样认为,希腊人应该对萨摩斯人阿里斯塔尔库斯(Aristarchus)的不虔敬采取行动,理由是他搅乱了宇宙的炉膛,因为他试图维护这样的现象假说,即天穹是静止的,而地球沿着黄道运行,与此同时绕自身中轴旋转。① 我们②现在没什么可说的,但是,亲爱的先生,为什么认为月球是土质的人比认为地球悬浮在空中的你们③更加颠倒事实呢?而根据数学家们的计算,地球比月亮大得多,④他们在月食出现以及月亮越过阴影期间,根据月亮被遮住的时间长短来计算她的大小。⑤ 因为地球阴影变得越小,它就延伸得越远,这是由于发出光亮的天体大于地球。⑥ 正如他们所言,甚至荷马都辨认出阴影本身的上部逐渐变小变窄,他曾因阴影的'尖锐'而称黑夜是'灵巧的'。⑦

"然而,当月亮在月食中⑧被这一部分捕获,她几乎不能从大于

---

① = *S. V. F.* ,i,页112,残篇500;标题,"反对阿里斯塔尔库斯",出现在第欧根尼·拉尔修(Diogenes Laertius)提供的克勒安忒斯(Cleanthes)著作列表中,vii,174。关于阿里斯塔尔库斯(Aristarchus)的理论,参看 Plutarch, *Plat. Quaest.* ,1006c; *De Placitis* ,891a = Aëtius, ii. 24. 8(*Dox. Graeci* ,页355);Archimedes, *Arenarius*, i. 1. 4 – 7(*Opera Omnia* ,ii,页218, Heiberg);Sextus Empiricus, *Adv. Math.* , x. 174;T. L. Health, *Aristarchus of Samos* ,页301 以下。
② 即我们柏拉图派,该派实际上坚持认为月球是一个土质物体。
③ 即你们廊下派;参看 Achilles, *Isagogê* ,4 = *S. V. F.* ,ii,残篇555,页175. 36 以下。
④ 大多数廊下派哲人不承认这一点,他们认为月亮比地球大,不过在这一点上,波希多尼(Posidonius),可能还有其他人,不同意该学派早期成员的意见。参看 Aëtius, ii. 26. 11(*Dox. Graeci* ,页357 和页68,注1)以及 M. Adler, *Diss. phil. Vind.* x,1910,页155。
⑤ 参看 Cleomedes, ii. 1 , § 80 (页 146. 18 以下 ,Ziegler) ;Simplicius, *De Caelo* ,页 471. 6 – 11 以下。
⑥ 参看 Cleomedes, ii. 2, § §93 – 94(页170. 11 以下 , Ziegler);Theon of Smyrna,页 197. 1 以下(Hiller);Pliny, *Nat. Hist.* , ii. 11(8),51。
⑦ 参看 Plutarch, *De Defectu Oraculorum* ,410d。荷马经常使用短语 ϑοή νύξ (例如 *Iliad*, x. 394〔参看 Leaf 在该处的注释〕, *Odyssey* ,xii. 284)。另一处,一般认为意指"突出"、"尖锐",与 *Odyssey* ,ix. 327 中的 ἐθόωσα 同源,该词在 *Odyssey* ,xv. 299 中用于形容一些特定岛屿。
⑧ 关于这一没有 ἐν〔在……中,在……之内〕的时间与格,参看 Theon of Smyrna,页 194. 1 – 3(Hiller)。

自身三倍的空间逃脱。如果地球所投射的阴影在其最细处是月球的三倍宽,那么,考虑一下地球是月亮的几倍大。① 尽管如此,你们还是担心月亮落下来;然而关于地球,埃斯库罗斯使你们相信:阿特拉斯'背上顶着大地的支柱,保持不动,/而天空,承载不住任何纤弱之负'。② 或者说,在月亮下面弥漫的空气是薄弱的,不能支撑固体之物,而如品达所言,地球却被'底部包着钢皮的梁柱'环绕着。③ 因此,法尔纳克斯自己一点也不会担心地球会掉下去,但为埃塞俄比亚人或塔普罗班人感到遗憾,④因为他们位于月球运行路线的下方,唯恐如此大的一坨重物掉到他们身上。

"然而,月亮凭借特有的运动和旋转的速度而不至于坠落,正如投石器抛出的投射物靠绕圈旋转而不会落下来。⑤ 因为每一种东西

---

① 参看 Plutarch, *De An. Proc. in Timaeo*, 1028d, 普鲁塔克认为几何学家计算出的近似值是:地球与月球的直径比是三比一,太阳与地球的直径比是十二比一。这个数据与希帕尔库斯的计算结果(地:月:日 = 1 : $\frac{1}{3}$: 12 $\frac{1}{3}$;参看 Heath, *Aristarchus of Samos*, 页 342 和 350, 在胡尔奇[Hultsch]之后)大体一致。不过,希帕尔库斯认为,月食发生时在月球到地球的平均距离上的阴影宽度是月球直径的 $2^{1}/_{2}$ 倍。(Ptolemy, *Syntaxis*, iv. 9 [i, 页 327. 1 – 4 Heiberg])。而阿里斯塔尔库斯(普鲁塔克在下文 932b 引用了他对月球直径的计算结果)认为此阴影的宽度是月球直径的两倍。(参看 Aristarchus, 假说 5 [Health, *Aristarchus of Samos*, 页 352. 13]; Pappus, *Collectionis Quae Supersunt*, ii, 页 554. 17 – 18 和页 556. 14 – 17 [Hultsch]), Cleomedes 给出的数值也一样(页 146. 18 – 19 和 178. 8 – 13 [Ziegler]; 参看 Geminus, *Elementa*, Manitius 编, 页 272)。在这里,普鲁塔克可以简单地假定月球直径与阴影宽度的比值与希帕尔库斯所计算的月球直径与地球直径的比值相同;但他也可以错误地假定月球进入阴影所用时间、完全被遮蔽所用时间以及离开阴影所用时间等于月球直径的三倍,而不是两倍。(参看 Cleomedes, 页 146. 21 – 25 [Ziegler] 和 M. Adle, *Diss. phil. Vind.* x, 1910, 页 156, 注 2)。

② Aeschylus, *PrometheusVinct.*, 351 – 352 (Smyth)。

③ Pindar, 残篇 88 (Bergk) = 79 (Bowra)。

④ 即僧伽罗人;参看 Strabo, ii. 1. 14, 第 72 章和 xv. 1. 14, 第 690 章; Pliny, *Nat. Hist.*, vi. 22 (24)。

⑤ 参看 Aristotle, *De Caelo*, 284a24 – 26 和 295a16 – 21 (关于 Empedocles [Cherniss, *Aristotle's Criticism of Presocratic Philosophy*, 页 204, 注 234])。普鲁塔克自己在 *Lysander*, xii. 3 – 4 [439d] 中将这一观点归于阿那克萨戈拉,即认为天体靠绕圈运动而不落下来。

都受其自然运动支配,除非被其他东西引开。这就是为什么月亮不受其重量支配:重力作用受到旋转运动的阻碍。不仅如此,也许还有更多的理由来怀疑月亮是否像地球一样绝对静止不动。实际上,虽然月亮有充分的理由不沿这个方向运动,但仅仅是重力的作用就可以合乎情理地推动地球,既然它不参与任何其他运动;而且地球比月亮重,不仅与其更大体积相称,当然也是因为月亮经由热和火的作用变轻了。① 简而言之,你们自己看来是认为月亮——如果它是火的话——更需要土来维持,其实就是作为一种地基,作为某种可附着之物,作为给予其黏合性的东西,以及作为可以被它点燃的东西,因为我们无法想象如果没有燃料,火如何维持。② 但是你们这些人说土没有根基也会停留于某地。"③

"的确,"法尔纳克斯说,"它占据着属于它的恰当且自然的位置,即中央之位,因为在这一位置周围,一切重物都按其自然趋向彼此挤压,而且从各个方向向这一位置移动和汇聚。同时,所有上方的空间,即使接纳了被强行掷入其中的土质之物,也会立即将其推入我们的区域,或者更确切地说,让它到其固有趋向使之自然下降的地方去。"④

---

① 卢修斯在此处假定廊下派关于月亮成分的理论是正确的,目的是为了反驳廊下派的异议。

② 参看 Seneca, *Nat. Quaest.* , vii. 1. 7。

③ 参看 Aristotle 关于古代 θεολόγοι〔神学问题〕的谈论(*Meteorology*, 353a34 – b5) 并见 Hesiod, *Theogony*, 728; Aeschylus, *Prometheus Vinct.* , 1046 – 1047 以及 Proclus 引用的"俄耳甫斯"诗行,见 Proclus, *In Timaeum*, 211c〔Diehl〕= Kern, *Orphicorum Fragmenta*), 168. 29 – 30(页 202)。短语 οἶζα καὶ βάσις 用于指土地本身(ii,页 231. 27 – 28),参看 Xenophanes, 残篇 A47(I,页 125 – 126〔Diels – Kranz〕)。

④ = *S. V. F.* , ii,页 195,残篇 646。这一关于固定位置和自然运动的学说,最初是逍遥学派提出的,被归于亚里士多德,见 Plutarch, *De Defectu Oraculorum*, 424b,但是也为廊下派所采用(参看 *S. V. F.* , ii,页 162. 14 – 19;页 169. 8 – 11;页 175. 16 – 35;页 178. 12 – 15)。但它不应与廊下派的学说——认为宇宙本身位于虚空中间——相混淆(如 Raingeard 就混淆了两者),见 Plutarch, *De Defectu Oraculorum*, 425d – e, *De Stoicorum Repugnantiis*, 1054c – d。

七

这时，我想给卢修斯一些时间集中思想，就对忒翁说："忒翁，哪一位悲剧诗人说过：物理学家'用苦药净化苦胆'？"忒翁回答说是索福克勒斯。① "是的，"我说，"我们不得不允许他们这么写；但如果哲学家胆敢以自相矛盾的说法否定自相矛盾的说法，并且在反对令人惊奇的观点时，虚构更为令人惊奇和古怪的观点，②就像这些人介绍他们的'向心运动'时所做的那样，那人们就不应该听哲学家的。

"有哪一种矛盾是这个学说所不具备的哟？地球有如此巨大的深谷、高地和各种不规则地形，但却是球状的，这难道不是一个矛盾么？③ 人类可以居住在另一侧半球上，附着于土地，就像底朝天的树虫或壁虎，这不也是一个矛盾么？④ 还有，我们自己的站立不是与地

---

① 这句诗见 Sophocles,残篇 770(Nauck²),在 Plutarch,*De Cohibenda Ira*,463f 和 *De Tranquillitate Animi*,468b 中以另外的形式被引用。

② 参看亚里士多德在 *De Caelo*(294a20 – 21)中的议论。

③ 逍遥学派和廊下派的球状地球理论是土"向下"自然运动至宇宙中心的必然推论(Aristotle,*De Caelo*,297a8 – b23;Strabo,I. 1. 20,第 11 章;Theon of Smyrna,页 122. 1 – 16〔Hiller〕)中的阿德拉斯托斯(Adrastus)。这一反对理由经常得到响应(参看 Pliny,*Nat. Hist.*,ii. 65. 162 中的狄凯阿克斯〔Dicaearchus〕;Theon of Smyrna,页 124. 7 – 127. 23 中的阿德拉斯托斯,其观点来自阿基米德、伊拉特斯提尼斯〔Eratosthenes〕和狄凯阿克斯;Cleomedes,i. 56〔Bruns〕)。普鲁塔克支持柏拉图的球状地球由分子构成的观点,这分子是立方体,理由是物质的东西都不可能是完美的球体(见 Plutarch,*Quaest. Conviv.*,1004b – c),因此,普鲁塔克可能不是意指这一点,或者随后的悖论被看得过于严肃了。拉姆普里亚斯只是完全尽其所能地嘲弄法尔纳克斯,用了各种对或错的观点,让他显得可笑。

④ 参看 Lucretius,*De rerum natura*,i. 1052 – 1067 反对廊下派"向心运动"的观点。普鲁塔克曾在 *De Stoicorum Repugnantiis*,1050b 中提到与廊下派有关的相对极(antipodes),在 *De Herodoti Malignitate*,869c 中则说"某些人"说存在相对极。

球呈正角,而是呈斜角,就像倾斜地站着的醉酒家伙?① 炽热的四十吨重物掉进地球深渊,②虽然没有遇到任何东西,也没有任何东西支撑它们,却在抵达中心时停住;而且,如果在下降运动中推动力使它们越过了中心,它们还会自己转回来,这不也是矛盾么? 在地球任一侧被烧尽的流星的碎片不会持续向下运动,而是落在地球表面,然后强行进入地表之下,并隐藏在中心周围,这不也是矛盾么?③ 波涛汹涌的河流,如果向下流,它就会抵达中心点——他们自己说这个中心点是无形的④——悬停在那里〈或者〉绕之流动,永远不停地来回往复摇摆不定,这不也是矛盾么?⑤

"上述的一些事情,人们甚至没法错误地强迫自己去设想它们是可能的。因为这等于'上下倒置'、'颠倒一切',所有东西都'下降'直到中心为止,而所有在中心之下的东西反而都'往上'。⑥ 结

---

① 参看 Aristotle, *De Caelo*, 296b18 – 21 和 297b17 – 21:落入地球的物体的坠落路线在接触点与地平线形成相同的角度而又不平行。因此,普鲁塔克认为,垂直站在地上的人们不会彼此平行,但都向中心靠拢,他们会偏离"绝对的"垂直线。

② 可能不是如 Raingear 所猜想的陨石,而是被火山抛下的发白热光的巨石。关于地球内部巨石的崩塌,参看 Lucretius, *De rerum natura*, vi. 536 – 550 和 Seneca, *Nat. Quaest*. vi. 22. 2;不过,普鲁塔克可能想到了地表下的地理,如 Plato, *Phaedo*, 111d 以下。接下来的那句话包含了对 *Phaedo*, 111d 以下内容的清晰回顾。

③ 关于这句话的文本及阐释,参看 *Class. Phil.* xlvi, 1951,页 139 – 140。

④ 参看下文 926b。根据廊下派的观点,物体的边界是无形的,因而严格地说不存在(Plutarch, *De Communibus Notitiis*, 1080e;参看 1081b 和 *S. V. F.*, ii,页 159,残篇 488),因为只有有形的东西才存在。而且,只有有形的存在才能产生影响或被影响(Plutarch, *De Communibus Notitiis*, 1073e;参看 *S. V. F.*, ii,页 118,残篇 336 和页 123,残篇 363)。那么,无形的中心如何能够对有形的实体产生什么作用呢?

⑤ 参看 *Phaedo*, 111e – 112e,这肯定是普鲁塔克此处描述的来源。亚里士多德对柏拉图解释的批评,见 *Meteorology*, 355b32 – 356a19。

⑥ 参看 *Phaedo*, 112e1 – 3。拉姆普里亚斯通过引入习语 ὑπὸ τὸ μέσον——它实际上回避了问题实质——使这个观念显得是可笑的自相矛盾的观念。

果就是这样的:如果一个人是这样与地球联成一体,①即地球的中心在他的肚脐上,那么这同一个人的头和脚就同时朝上。进一步说,如果他掘通一边,他露出来的〈下端〉是〈朝上的〉,而这个将自己'往上'挖掘的人是在将自己从'上面'往'下'拉";②而且,如果设想当时有人朝着与此人相反的方向挖掘,那么,这两个人的脚同时都会被证明是所谓'朝上的'。

八

"虽然他们扛起搬走的就是这样一大堆荒诞不经的故事——老天爷,不是什么鼓鼓的钱包,而是骗子的包裹和大杂烩——但他们仍然说,是别人在扮演小丑,因为别人说虽然月亮是土质的,但却在高处,而不是在中心所在之处。③ 但是,如果每个重物都汇聚到同一个点上,而且每个重物的各个部分都被挤压到其自身的中心,④那么,地球就既不是由重物组成的整体,也不是物总体(the sum of things)的中心;而且,落体的〈下降趋向〉并不能证明〈地球〉居于宇宙中心,而是证明那些从地球上被推开后又回落到地球上的物体与

---

① 关于这里所描述的形象,参看 Aristotle, *De Caelo*, 285a27 – b5 和 Simplicius, *De Caelo*, 页 389.8 – 24 和页 391.33 以下。后来最著名的相似说法是 Dante, *Inferno*, 第 34 章 76 – 120 中撒旦(金星)的位置。

② 也就是他的脚先出现,作为其底部的脚是"在上的"。相对于他露出来时经过的面,他在"往上"挖掘,在这个过程中,就他自己而言,他不是将自己"往上"拖向一个在他头上的位置,而是将自己"向下"拖向一个在其脚下的位置。这个悖论取决于人的头和脚都是"绝对在上"和"绝对在下"的假设。参看 Aristotle, *De Incessu Animal*, 705a26 – 706b16 和 *Parca Nat.*, 468a1 – 12。

③ = *S. V. F.*, ii, 页 195, 残篇 646。

④ 此处,拉姆普里亚斯直接援引法尔纳克斯在上文 923e – f 的话。参看 Plutarch, *De Stoicorum Repugnantiis*, 1055a。

地球有某种亲密团结关系。① 因为,正如太阳将组成它的各个部分吸引到自身,②地球同样容纳有其固有下降趋向的石头③作为〈她〉自身的组成部分,所以任何这类东西最终都与她紧密结合成一体。

"然而,如果有一个物体,它原本没有被分配给地球,或者不是从地球分离出去的,而是独立位于某个地方,有自己的结构和性质,正如那些人④针对月亮所说的,那么,什么会阻止它被永久地分隔在自己的位置上,由它自身的各部分将它挤压并结合在一起?因为我

---

① 亚里士多德(De Caelo,296b9 – 25)认为重物——也就是土质物体——向宇宙的中心运动,因而只是"碰巧"来到地球的中心。廊下派则区分了宇宙(即ὅλον)与τὸ πᾶν,后者是宇宙连同包围它的无限虚空(S. V. F.,ii,页167,残篇522 – 524),认为宇宙在τὸ πᾶν的中心,并解释说这是万物向τὸ πᾶν的中心运动的结果(S. V. F.,ii,页174 – 175,残篇552 – 554;参看上文第6节最后一个注),但认为在宇宙内部,那些有重量的东西,即水和土,自然地向下运动到中心(S. V. F.,ii,页175. 16 – 35,残篇555)。不过,克吕西波自己的话可以用来说明这种朝向中心的自然运动必定与世界(the universe)的各部分相配,即与作为整全(the whole)的各部分相配,不是由于这些东西自身的性质(参看 De Stoicorum Repugnantiis,1054e – 1055c);而且,拉姆普里亚斯正是用οἰκειώσεται一词来对抗廊下派自己关于οἰκείωσις〔亲密关系〕的学说的(参看 Plutarch,De Stoicorum Repugnantiis,1038b = S. V. F.,ii,页43,残篇179)。

② 按照 Reinhardt(Kosmos und Sympathie,Munich,1926,页173 – 177)的说法,普鲁塔克的观点来源一定是波希多尼;但是他所引用的段落不包含任何与此处关于太阳的说法类似的内容,因为涉及太阳对其他行星的吸引力的内容(Reinhardt,Kosmos und Sympathie,前揭,页58,注2;参看 R. M. Jones,"Poseidonius and solar eschatology",见 Class. Phil. xxvii,1932,页122 以下)与此不相干。这个观念倒可能与 De Communibus Notitiis,1075d = S. V. F.,i,页114,残篇510)中提到的克勒安忒斯学说存在关联。

③ 这与兰格阿尔德(Raingeard)和克罗内贝格(Kronenberg)所猜想的陨石无关,也不是阿德勒(Adler)所认为的在交互宇宙空间中假想的石头(Plutarch,De Defectu Oraculorum 425c),而是与法西那斯所说的任何γεῶδές τι ὑπὸ βίας ἀναρριφέν〔被强行掷入其中的土质之物〕(上文923f)有关;参看亚里士多德在叙述其自然运动原理时使用的ὁ λίθος〔石块〕一词(Eth. Nic.,1103a19 – 22)。

④ 指上文924d中提到的人,他们是廊下派攻击的对象,其中包括拉姆普里亚斯和卢修斯他们自己以及"我们的伙伴"(921f)。

们还不能证实地球是宇宙的中心,①也不能证实,在我们区域内的东西挤压并聚集在地球上的方式就意味着在那个区域内所有可能的东西如何汇聚并停留在月亮上。

"如果有人将所有土质重物推入一个单一区域,并使其成为单一物体的组成部分,那我不明白他出于什么理由不反过来将同样的动力用在轻的物体上面,却让火分散成堆。既然他没有把所有的星体都聚集在一起,那么,他显然不认为还必须有这样一个物体,它为所有燃烧着的并且有向上运动趋向的东西所共有。"

九

"亲爱的阿波罗尼德斯,"我〔接着〕说道,"如今你们这些数学家②说,太阳距离上方周缘十分遥远,而且在太阳之上,金星、水星以及其他行星③在比恒星低的地方旋转,彼此相隔很远;但你们认为在宇宙中没有土质重物的活动范围和延伸部分。

"你们知道,对我们来说,否认月亮的土质性是荒谬的,因为月亮远离下方区域,而且,尽管我们知道月亮离上方周缘无数千里,就像坠入深渊一样,可还是称她为星星。月亮在那些星星之下的距离无法估计,但你们这些数学家千方百计要算出这一距离。她几乎擦

---

① 就是说,即使它是我们的宇宙的中心。参看 Plutarch, *De Defectu Oraculorum*, 425a–e, 在谈及 τὸ πᾶν 中多个世界的可能性时,普鲁塔克指出,即使假设自然运动以及上下中固有位置的法则分别适用于每个宇宙,那也不存在 τὸ πᾶν 的中心,而且每个世界中的运动法则不会影响任何其他世界中的物体的运动法则或在交互宇宙空间中的假想物体的运动法则。

② 第二个人以复数称呼阿波罗尼德斯暗示了这一点,参看下文 925b 和上文 920f 和 921c。

③ 关于行星运行秩序,参看 Dreyer, *History of the Planetary Systems*, 页 168–170 和 Boyancé, *Etudes sur le Songe de Scipion*, 页 59–65;此处所说的行星秩序不是普鲁塔克时代大多数天文学家所认同的,也不为后来的廊下派,或者很可能也不为波希多尼,所接受。

过地球,紧贴着绕地球旋转。恩培多克勒说:她'就像战车的轴套一样旋转,掠〈过柱子〉'。① 她常常不能超出地球阴影,尽管由于发光体的巨大,地球阴影只延伸出一点点;但她的旋转看来与地球如此贴近,几乎触手可及,以至于除非她升到这个阴影地带之上,升到陆地和夜间的地方之上——这里是地球的不动产——否则就会被地球遮住,得不到阳光照射。因此,我认为,我们必须大胆指出,月亮处于地球的限制范围之内,因为她为地球的末端所掩蔽。

十

"先不管恒星和其他行星,考虑一下阿里斯塔尔库斯在其论文《论太阳和月亮的大小和距离》中的论证:'太阳离我们的距离,是月亮离我们距离的十八倍到二十倍之间。'② 不过,根据最高估计,月亮离我们的距离据说是地球半径的 56 倍。③ 即使根据平均数,地球的半径有 40000 个赛跑场长;如果按此计算,太阳距离月球 40300000 赛跑场长。月亮因为自身重量的缘故,离太阳很远而离地球很近,如果属性是由位置来决定的话,④ 如果地球要以土地问

---

① Empedocles,残篇 B46(i,页 331〔Diels – Kranz〕)。

② 这是阿里斯塔尔库斯论文中的命题 7,该文全名为 *On the Sizes and Distances of the Sun and Moon*。Thomas Heath 爵士在他的 *Aristarchus of Samos* 中(页 352 以下)校订和翻译了这篇论文。

③ 这并不是迄今为止的最高估计,其作者亦未能确定。关于这个问题以及这一段中接下来的计算,参看 *Class. Phil.* xlvi,1951,页 140 – 141。没有人去换算一个赛跑场的长度,因为不确定所指的是哪个地方的赛跑场。Schiaparelli 以为,奥林匹克赛跑场的长度都是 185 米(*Scritti sulla storia della astronomia antica*,i,页 333,注 3 和页 342,注 1);Heath 主张埃拉托色尼所指的赛跑场长是 157.5 米;而托勒密所指的敕定赛跑场长是 210 米(*Aristarchus of Samos*,页 339 和 346 以下);兰格阿尔德(页 83,关于 925d6)则认为普鲁塔克所指的是 177.6 米的阿提卡赛跑场,但没有说明理由。

④ 这里玩了 τὰς οὐσίας 一词的词义,substance 既有"财产"或"私有财产"的意思,也有"事物之本质"的意思。

题——我指的是资产所有权——起诉月亮,那么月亮可以因这种邻近和亲缘的关系被合法分配为地球的天然且私有的动产。"

"我想,我们在认可所谓'上方'事物有这样的高度和延伸部分的同时,给'底下'的事物留下一些可活动的空间,而且活动范围就像从地球到月亮那么大,这完全没有搞错。只将天穹最外层表面称为'上',而其他均为'下'的人太极端,将'下'限定为地球或者更确切地说限定为中心的人也令人无法容忍;但是无论在哪里,我们都必须认可某些延伸部分,因为这是巨大的宇宙所允许的。认为所有远离地球的东西本身都'在上方'和'在高处'的观点,将遭到反向主张的抗辩,即远离恒星运行路线的东西本身'在下方'。

十一

"毕竟,在什么意义上地球位于中心,又是位于什么的中心?物总体是无限的;无限是既无开端,又无界限,实际上不可能有一个中心,因为中心也是一种界限,但无限是对界限的否定。声称地球不是物总体的中心但却是宇宙中心的人是幼稚的——如果他以为宇宙本身不会陷入这同样的难题之中。 事实上,物总体也没有为宇宙留下一个中心,而是居无定所,②在无限的虚空中漫无目的地运动;〈或者〉,如果它发现了某个其他要遵守的原因——而不是由于

---

① 参看 Plutarch, *De Defectu Oraculorum*, 424d, 在该处, καϑ' οὕς δ' ἔστιν (scli. τὸ κενόν)指廊下派(关于廊下派对 πᾶν 和 κόσμος 的区分见上文第8节第2个注)和 Plutarch; *De Stoicorum Repugnantiis*, 1054b - d, 在该处, 普鲁塔克用廊下派自身的论据批驳廊下派。

② 参看 Gracchi, ix. 5. 828d; ἄοικοι καὶ ἀνίδρυτοι[无家可归、居无定所]。

其位置的性质——而停止了移动,①那么类似推断也适用于地球和月亮,前者静止于此而后者运动于彼,是由于一种不同的灵魂或本性,而不〈是〉出于〈位置的〉不同。

"除此之外,想想他们②是否忽略了一个要点,如果任何离开地球中心的东西都'在上方',那么,宇宙没有哪一部分'在下方';但结果是这样:地球和地球上的事物以及所有围绕或包裹着这个中心的物体都绝对'在上方',只有一个东西'在下方',即那个无形的点,③它必定与宇宙的整体性质相反,如果事实上'在下'与'在上'是性质上的对立面。④

"荒谬之处还不止于此,重物下落的根据和它们向此区域运动的根据也被取消了,因为不存在这些重物朝之运动的'在下方'的物体,而且这个无形的点也不具有吸引所有重物,并将其留在自身周围的影响力,这既不可能,也不符合那些人的意图。⑤ 与此相反,事实证明,认为整个宇宙都'在上方',而只有一个无形且无延展性的界点'在下方'的说法完全没有道理,完全与事实不一致,而我们的说法是合理的,即广阔充足的空间被分为'上方'和'下方'。

十二

"同样,如果你乐意,让我们设想,天穹之中土质物体的运动与

---

① 参看 *S. V. F.*, ii, 页 174 – 175, 残篇 52 和 553; Plutarch, *De Stoicorum Repugnantiis*, 1054f – 1055b。

② 指廊下派。

③ 参看 *S. V. F.*, ii, 页 169.9 – 11, 残篇 527。

④ 参看 *S. V. F.*, ii, 页 176, 残篇 556。

⑤ 见上文第 7 节第 8 个注,参看 Plutarch, *De Defectu Oraculorum*, 424e 针对亚里士多德的话。

自然相反；然后，我们没有装模作样并且十分冷静地观察，这并不说明月亮不是土质的，而只是说明土质的月亮在一个'不自然的'位置。因为埃特纳火山的火也是'不自然地'处于土的下面，但它是火；皮肤里的空气，①虽然本性是轻的，而且有向上的趋向，却被限制在一个'不自然的'位置。至于灵魂本身，"我说，"向宙斯发誓，她被限制在身体中，如你所言，②在一个行动迟缓、冷淡和可感知的媒介中，她反应敏捷、激情似火，而且不可见，这难道不是违背自然么？难道我们应该据此否认身体〈中〉存在灵魂或者否认心智，这神圣的东西，虽然它可以瞬间飞越所有的天空、大地和海洋，③但却在重力、密度和伴随液化的无数特性的作用下，进入人体、肌肉和骨髓么？④你们的宙斯不也是如此么：虽然以其自身本性，他是单纯的巨大而连续的火，但现在他被减缓、抑制和转变，在其突变中变成并持续变成一切事物？⑤

"所以，贤弟呀，留神细想哦，免得在把每个事物重新排列和移动到它'自然'位置的时候，你弄巧成拙把宇宙瓦解了，使恩培多克勒的'冲突'降临到事物之上——或者说免得〈在你〉把所有重的和〈所有〉轻的东西〈分开时〉，违反自然地唤醒了古代的提

---

① 参看下文928a。普鲁塔克可能想到用于做浮舟的充了气的皮。参看 Aristotle, *Physics*, 217a2–3, 255b26, *De Caelo*, 311b9–13。

② 参看 *S. V. F.*, ii, 页127 残篇773。

③ 关于心智飞越世界的老生常谈，参看 R. M. Jones, "Poseidonius and solar eschatology", class. phil. xxi(19–26), 页97–113。

④ 这里涉及廊下派的一个观念，即灵魂呈现为一个浓缩或液化的过程。参看 Plutarch, *De Stoicorum Repugnantiis*, 1053b–c(= *S. V. F.*, 残篇605) 和关于可以促成液化的特性的说法(*S. V. F.*, ii, 页155.34)。

⑤ *S. V. F.*, ii, 页308, 残篇1045。宙斯"按其自身本质"是世界的膨胀状态，而"现在"他处于收缩状态；参看 Plutarch, *De Placitis*, 881f–882a(= Aëtius, i. 7. 33 = *S. V. F.*, ii, 残篇1027), Diogenes Laertius, vii. 137(= *S. V. F.*, ii, 残篇526), *De Stoicorum Repugnantiis*, 1052c(= *S. V. F.*, ii, 残篇1068 和604), *De Communibus Notitiis*, 1075a–c(= *S. V. F.*, ii, 残篇1049), 以及 *S. V. F.*, ii, 残篇1052、1053 和1056。

坦神和巨人,①并渴望看到传说中可怕的无序和纷争。正如恩培多克勒所言:没有看到'太阳的明亮面貌,也没有看到大地和海洋的乱力'。② 热力中没有土,空气中没有水;没有什么重物在上方,也没有什么轻物在下方;但万物③的法则(principles)是未经调和、不友好且〔各自〕独立的,没有接受彼此间的化合或结合,只是互相躲避,以它们各自特有和任意的方式运动,④它们所处的状态,按照柏拉图的说法⑤即神远离一切事物,也就是说,躯体缺少心智或灵魂。

"所以,按照天意,在情欲到来之前,它们一直处于自然状态,⑥

---

① 据 Proclus, *In Platonis Parmenidem*, Cousin 编, Paris, 1864, 页 849、813 – 815 (= Stallbaum 编,页 659),恩培多克勒的冲突论与神话中的巨人战争有关。

② Empedocles, 残篇 B27 (i, 页 323.11 – 324.4〔Diels – Kranz〕)。该处采用的是辛普利西乌斯(Simplicius)提供的 ὠκέα γυῖα, 而非普鲁塔克提供的 ἐκ προνοίας。不过,(该书出版者)Bignone 把普鲁塔克提供的版本作为残篇 26,把辛普利西乌斯提供的作为残篇 27,这可能是对的,因为这是将其看作该诗两个不同部分中以不同结尾重复的诗行中的一句(Empedocles, studio critico,页 220 以下、421、599 以下)。普鲁塔克引用这句诗无疑是为了描述冲突将四元素彻底分离的时期,而辛普利西乌斯说这是从描述天球(the Sphere)开始的,此时四元素被完全混合在一起。

③ 即四"元素":土、气、火、水。关于它们由于冲突而导致的分离,参看 Empedocles, 残篇 B17.8 – 10 和 B26.6 – 9 (i, 页 316.2 – 4 和页 323.4 – 7〔Diels – Kranz〕)。

④ 参看 Clara Millerd, *On the Interpretation of Empedocles*,页 54 和 Cherniss, *Aristotle's Criticism of Presocratic Philosoph*, 页 175, 注 130。普鲁塔克对冲突占统治阶段的四元素运动的详细记述,受到他所提到的那段柏拉图的话的影响。

⑤ Plato, *Timaeus*, 53b; 参看 Plutarch, *De Defectu Oraculorum*, 430d 和 *De An. Proc. in Timaeus*, 1016f。

⑥ 参看 Plutarch, *Amatorius*, 756d – f, 该处引用了 Empedocles, 残篇 B17.20 – 21 (i, 页 317.1 – 2〔Diels – Kranz〕)和 Parmenides, 残篇 B13 (i, 页 243.16〔Diels – Kranz〕), 与提及 Hesiod, *Theogony*, 120; 并参看 Aristotle, *Metaphysics*, 984b23 – 985a10。普鲁塔克所用的短语 ἐκ προνοίας〔按照神意〕,与亚里士多德对恩培多克勒的批评相对照(*Metaphysics*, 1000b12 – 17), 并参看 Empedocles, 残篇 B17.29 和 B30 (i, 页 317.10 和页 325.10 – 12〔Diels – Kranz〕)。普鲁塔克在此处借助短语 ἐκ προνοίας, 为他在下一节中用廊下派的天意论反对廊下派的自然位置论做了铺垫。

因为情感——或者说阿芙洛蒂忒或爱若斯——的出现,正如恩培多克勒、帕墨尼德斯以及赫西俄德所言,目的是为了通过位置改变和功能交换,通过迫使一些躯体运动和一些躯体停止,通过强迫它们让步并从'自然状态'转向'更好状态',从而使〈躯体〉能够产生一种普遍的和谐和共生。

十三

"如果宇宙的任何一个单一部分都不曾进入'非自然'状态,而是都处于'自然'状态,不需要任何互换或重排,在开端时也不需要,那我就不能理解天意①或者宙斯——这位'主匠神'②是造物者和万物之父③——有什么作用。在军队中,如果每个士兵都知道自己的岗位和职责以及什么时候必须履行职责和坚守岗位的话,那战术家当然就没有用。如果这里的水自己'自然地'流向需要它的地方并进行灌溉,那里的砖块、木材和石头又按它们的'自然'倾向和趋势出现在适当的位置并排列好,那园丁和建房人也没有用了。

"然而,如果这一想法立刻排除了天意,如果现存事物的安排也

---

① 关于廊下派学说中天意的重要性及其在廊下派著作中的普遍体现,参看 Plutarch, *De Stoicorum Repugnantiis*, 1050a – b(= *S. V. F.* , ii, 残篇 937) , 1051e(= *S. V. F.* , ii, 残篇 1115); *De Communibus Notitiis*, 1075e(= *S. V. F.* , ii, 残篇 1126) , 1077d – e(= *S. V. F.* , ii, 残篇 1064); Cicero, *De Natura Deorum*, iii. 92(= *S. V. F.* , ii, 残篇 1107); Diogenes Laertius, vii. 138 – 139(= *S. V. F.* , ii, 残篇 634)。

② 普鲁塔克将宙斯的这一称号归于品达,见 Plutarch, *Quaest. Conviv.* , 618b; *De Sera Numinis Vindicta*, 550a; *De Communibus Notitiis*, 1065e; 在 *Praecepta Gerendae Reipublicae*, 807c 中,该说法指政治家; 参看 Pindar, 残篇 48, Bowra = 57, Bergk and Schreoder = 66, Turyn。

③ 该用辞的柏拉图派色彩大于廊下派色彩; 参看 *Quaest. Conviv.* , 720b – c 和 *De An. Proc. in Timaeo*, 1017a; 参看 *Timaeus*, 28c 并对照 *S. V. F.* , ii, 残篇 323a。

与神有关,并且是由神来进行分配,①那么,自然被如此排列和部署:我们这里存在火,而众星在远处,此外,地球在这里,而月亮在高处,靠着比自然更稳定的原因而牢固维持,这有啥奇怪呢?② 因为,如果一切事物真的都必须服从它们的'自然'倾向而进行'自然'运动,那么,你必须让太阳、金星以及所有其他星体都不要旋转,因为轻的炽热的物体'自然'向上移动,而不会绕圈转。③ 然而,如果自然包含了与位置相对应的如此变化,即虽然在这里看到火向上移动,但是,它一升上天(the heavens)就与天一起旋转,那么,同样的事情发生在到达那儿的土质重物上,外在环境也迫使它们转变了运动方式,这有啥奇怪呢? 当然不可能是天(heaven)'自然地'阻止了轻物的上升运动,却不能掌控有下降倾向的重物。恰恰相反,它重新安排前者的〈任何〉作用也适用于后者,它利用两者的自然性质使之达到更好的状态。

十四

"此外,如果我们最终抛掉束缚我们心智的习惯〈和〉观念,并且大胆地说出事实真正如何,那么,一个整体的任何部分本身,似乎都不具有任何可以被称为无条件的'自然'的秩序、适当的位置或它自身的运动。④ 与之相反,每个以及每个部分,只要其运动是有用

---

① 参看 Aristotle, *Metaphysics*, 1075a11 – 15 和 Diogenes Laertius, vii. 137(= *S. V. F.*, ii, 残篇 526)。

② Wyttenbach 的修订从 *Timaeus*, 41b4 – 6 得到证实,这是指其回声。

③ 廊下派认为天体由火构成,虽然他们称之为 αἰθήρ〔以太〕,而不是亚里士多德所说的"第五元素"(参看 Diogenes Laertius, vii. 137 = *S. V. F.*, ii, 残篇 682)。在 *De Stoicorum Repugnantiis*, 1053e 中,普鲁塔克援引了克吕西波的话(= *S. V. F.*, ii, 残篇 434),据此,他在这里认为,廊下派未能像亚里士多德那样合理地解释天体的循环运动是"自然的"。

④ 参看普鲁塔克残篇 vii. 15 (Bernardakis, vol. vii, 页 31.6 以下 = Olympiodorus, *In Phaedonem*, 页 157. 22 – 25〔Norvin〕)。

的且恰当地适应于这个部分生成的需要,适应于其生长或生产的目的,只要它的行为或者对它的影响和布置是为了促成该事物的保存、美化或功能,那么,我相信,它有其'自然的'位置、运动和排列。

"总而言之,作为'自然'进程结果的人——如果说任何存在物都是'自然'进程的结果——重的和土质的部分在上,主要在头部,炽热的部分在中部;一些牙从上面长,一些则从下面长,而上下排牙齿都不'违反自然';不能说在上部的眼睛中闪现的火是'自然的'而在肠子和心脏中的火是'违反自然的',然而它们都被分配在恰当和有用的位置。正如恩培多克勒所言:① 观察'藏在石头里的海螺和海龟'和所有贝壳类动物的本性,'你会发现土建被安置在肉之上';而且,石质的物质不会压迫或碾碎下面的身体构造,② 另一方面,热量也不会由于轻盈而飞到上面并逃逸,但它们以某种方式被混合在一起,并依照各自本性被有机地结合起来。

十五

"宇宙可能也是这样,如果它确实是一个生命体;③ 宇宙中的许多地方有土,许多地方有火、水和空气(breath),它们不是被强行驱

---

① 此处引用的两行诗句以及之前引用的一行诗句,都是为了支持同一个论点,见 Plutarch, *Quaest. Conviv.*, 618b = Empedocles, 残篇 B76(i, 页 339. 9 – 11〔Diels – Kranz〕)。

② 关于 φύσις 一词,即"身体构造",参看 Plutarch, *Quaest. Conviv.*, 625a – b, 680d, 681e; *Amatorius*, 764c。

③ 在 Plutarch, *Adv. Coloten*, 1115b 中,斯特拉波对这一点的否定被引证为他反对柏拉图的一个例子。在 *De An. Proc. in Timaeo*, 1014c – d 中普鲁塔克谈到柏拉图的造物主的宇宙创造,涉及 *Timaeus*, 30b – d, 32c – d, 68e, 69b – c 等段落。虽然仍是柏拉图式的,但这一假设是其廊下派对手可以接受的(参看 Diogenes Laertius, vii. 139 和 142 – 143〔= S. V. F., ii, 残篇 634 和 633〕);普鲁塔克相信,同意了这一点,他们就承认了月亮可以由土构成的推论,不管它处于什么位置。

逐到那儿的,①而是理性安排的结果。眼睛在身体中处于现在的位置,终究不是由于它的轻盈而被挤到那里,心脏处于胸腔中也不是由于它的沉重导致其滑落到那里,而是因为它们各自被如此安置是较好的。那么,就宇宙的各部分而言,我们不要认为地球被安置在这里是因为它的重量导致它下沉,也不要相信像希俄斯的梅特罗多勒斯(Metrodorus of Chios)②从前所说的那样,太阳是因为轻盈而像一个充了气的皮囊一样被推到上面的区域,或者其他星体进入它们现在的位置是由于它们凭借不同重量打破了平衡。与之相反,是理性法则在支配这些事情。

"这也是为什么在固定位置旋转的星星像宇宙面庞上'明亮的眼睛',③太阳则像心脏散播血和气息一样向自身之外传输和发散自己的热和光,而大地和海洋像动物的肠子和膀胱那样'自然地'为宇宙效劳。位于太阳和地球之间的月亮,如同在心脏和肠子之间的肝或另一个柔软内脏,④从上面将温暖传到这里,并把我们区域的发散物送到上面,并〔先〕在她自身中通过一种调合和净化作用将

---

① 参看 Aristotle, *De Caelo*, 277b1-2 和 Cherniss, *Aristotle's Criticism of Presocratic Philosophy*, 页191,注196。

② 这个原子论者,不能与伊壁鸠鲁派门徒梅特罗多勒斯(Metrodorus of Lampsacus)或阿那克萨哥拉派人物相混淆。参看 Diels-Kranz, *Frag. Der Vorsok.*⁵, ii, 页231-234;本段应该被该残篇集遗漏了,应该添加进去。根据 Plutarch, *De Placitis*, 889b(= Aëtius, ii. 15. 6[*Dox. Graeci*, 页345a7-12]),梅特罗多勒斯认为太阳是离地球最远的,月亮在太阳下面,其他行星和恒星则在月亮之下。关于此处被归于梅特罗多勒斯的对于太阳位置的解释见上一个注,并参看 Simplicius, *De Caelo*, 页712. 27-29。

③ 在 *De Fortuna*, 98b,这个短语是作为柏拉图的话被引用的,它出自 *Timaeus*, 45b,虽然柏拉图在那里谈的是人的面目。

④ "另一个柔软内脏"指脾。关于肝和脾的作用。参看 Aristotle, *De Part. Animal.*, 670a20-29, 670b4-17, 673b25-28;关于肝和脾的密切关联见669b15—670a2。

这些发散物提纯。① 我们不清楚她的土质和固体性是否也有什么适合于其他目的的作用,尽管如此,在任何事物中,最好是有必然性的控制。②

"那么,按照廊下派的主张,我们又会构想出什么样的可能性呢?他们说,以太(the ether)的发光和稀薄的部分,由于其微妙而成为天空(sky),浓缩的部分则成为星星,而这些星星中最迟钝和最混浊的是月亮。③ 然而,同样地,谁都能看到月亮并没有与以太相分离,在她周围有大量以太,她在其中移动,而且在她下面也有许多以太,〈他们自己声称须星(the bearded stars)〉和彗星在其中旋转。因此,并不是轻重所导致的倾向限定了每个天体的范围,而是不同的法则安排了它们。"

---

① 尤斯塔修斯(Eustathius)(*Ad Iliadem*,695. 12 以下)说:按照廊下派的观点,*Iliad*,viii. 19 中的"金索(golden rope)"是 ὁ ἥλιος εἰς ὃν κάτωθεν ὥσπερ εἰς καρδίαν ἀποχεῖται ἀναδιδομένη ἡ τῶν ὑγρῶν ἀναθυμίασις。据此,莱因哈特(K. Reinhardt)(*Kosmos und Sympathie*,前揭,页 332 以下)认为波希多尼是此处普鲁塔克关于宇宙各部分和身体器官类比的思想渊源,但是,R. M. Jones("Posidonius and Solar Eschatology",前揭,页 121 – 128)反对 Reinhardt 的论点。将太阳等同于心脏的文段很多,如 Theon of Smyrna,页 187. 13 – 188. 7(Hiller); Proclus,*In Timaeum*,171c – d(ii,页 104. 20 – 21 和 28 – 29,Diehl);Macrobius,*Somnium Scipionisi*,20. 6 – 7(页 564 – 565,Eyssenhardt);Chlcidius,*In Platonis Timaeum*,§100(页 170,Wrobel);"Anon. Christ",*Hermippus*,页 17. 15 – 18. 11(Kroll – Viereck)用不同的人体器官类比七行星的占星学文本。Proclus,*In Timaeum*(348a – b〔iii,页 355. 7 – 18,Diehl〕)和 Macrobius,*Somnium Scipionisi*,i. 12. 14 – 15(页 533,Eyssenhardt)中的 Numenius 提到人的各种天赋与七行星之间的完全不同的类比。至于普鲁塔克进一步把地球和月亮类比为肠子和肝或脾,我不知道有别的类似说法。在托名希波克拉底的著作 Περὶ ἑβδομάδων 中,月亮由于其在宇宙中的中间位置,似乎被类比为横膈膜(参看 Roscher,*Die hippokratische Schrift von der Siebenzahl*,页 5. 45 以下,页 10 – 11,页 123)。在由 F. Cumont 出版的 *Mélanges Bidez*(i,页 155 – 156)中波菲利(Porphyry)的"Introduction to Ptolemy's *Apotelesmatica*"一节中,月亮被认为专门管辖脾,太阳则专门管辖心脏,但肝归木星管。

② 参看 Plato,*Timaeus*,48a。

③ = *S. V. F.*,ii,残篇 688;参看 Cleomedes,ii. 3. 99(页 178. 26 – 180. 8,Ziegler)并参照 ii. 4. 100(页 182. 8 – 10)。关于廊下派的以太,参看 Diogenes Laertius,vii. 137(= *S. V. F.*,ii,残篇 580)和上文第 5 节第 8 个注。

十六

说完这些,我打算把发言权交给卢修斯,① 因为我方立场的论据已经准备好了。但是,亚里士多德笑着说道:"这位朋友是我的证人,证明你的全部反驳都针对这种人,他们假定月亮由不完全的火(semi-igneous)构成,却又断言所有物体的共同点是它们本身有向上或向下倾向。不过,是不是有人这样说:② 星星绕圈自然运动,构成它们的物质比这里的四种物质③高级得多,这种物质甚至从未偶然引起你的注意,这样我至少省去了麻烦。"

卢修斯接着〈插话进来〉说:"……好朋友,你们认为其他星体和整个天空具有一种纯粹而洁净的本性,不会发生性质上的变化,而且做圆周运动,借此〈也可能具有〉永远旋转的〈本性〉,尽管这其中包含了无数难点,眼下也许没有人会跟你和你的朋友们争论;但是假设将这一学说用在月亮上,那它就不再维护月亮身体的平静和美。且不说她的其他不规则和差异之处,她展示出的面庞就是其构成物质的某种变化的结果,或者是其与另一种物质以某种方式相混合的结果。④ 然而,当一种东西与其他东西相混合,它也就受到了某种影响,因为它必定由于受到较低级之物的侵染而失去纯粹性。月亮速度迟缓而且热度低微,〔这些性质〕用伊翁(Ion)的话说,'不能

---

① 正是为了表面上让卢修斯有时间整理思绪,当时拉姆普里亚斯才进行了长达十个段落的刚刚结束的"评论"(见上文 923f)。

② 这当然是指 Aristotle, *De Caelo*, 269a2-18, 270a12-35;参看〔Aristotle〕, *De Mundo*, 392a5-9 和 Plutarch, *De Placitis*, 887d = Aëtius, ii. 7.5(*Dox. Graeci*, 页 336)。

③ 我在译文中加上这个词,是为了明确"四种"是指四种地上的物质,即土、水、气、火。

④ 参看 Aëtius, ii. 30.6(*Dox. Graeci*, 页 362 b1-4)。事实上,亚里士多德在 *Hist. Animal.* 761 b 22 中确实说过月亮分有了第四种物质,即火。

使葡萄成熟以至微黑';①⟨如果⟩一个永恒的天上之物②会发生任何⟨变化⟩的话,那么除了她的脆弱和变化,我们应该将月亮的这些性质归因于什么呢?③ 简而言之,亲爱的亚里士多德,事实是被视为土的月亮有着非常美丽、庄严和雅致的面容;但作为一颗星,或者发光体,或者作为一个神圣的天体,她恐怕是畸形、丑陋的,而且有失其尊贵的名称——如果这是真的,即在天穹的群星中,只有她游走时需要外来的光,如帕墨尼德斯所言,'她永远注视着太阳'。④

"我们的伙伴在他的论述中,⑤通过对阿那克萨戈拉的'太阳给月亮光辉'这一命题⑥的论证而博得赞同;就我而言,我不便谈论这些从你或你的同伴那里学来的东西,但乐意接着谈论剩下的内容。那么好,以下说法似乎有道理,即月亮被照亮不是靠太阳的照射和透射,像照在镜子⑦或冰⑧上一样,同样也不是某种光亮集中或光线聚合使光增强的结果,就像火炬一样。⑨ 如果这是真的,如果月亮没有遮挡住太阳,只是由于其稀薄(the subtility)而让太阳光穿透,或者由于与太阳光相结合而向外闪光并点燃她自身的光,那么我们应

---

① 在 Quaest. Conviv.,658c 中,普鲁塔克引用了整行诗,Ion,残篇 57(Nauck²)。

② 关于月亮的称号 ὀλύμπιος,参看下文 935c 和 Plutarch,De Defectu Oraculorum,416e。关于附加在该词之上的含义,参看〔Plutarch〕,De Vita et Poesi Homeri,B95〔vii,页 380. 17 –20,Bernadakis〕中的词源说明;Stobaeus,Eclogae,i. 22 中的伪普鲁塔克(I,页 198. 10 以下,Wachsmuth);〔Aristotle〕,De Mundo,400a6 –9;Eustathius,Ad Iliadem,38. 38。

③ 在 Plutarch,Adv. Coloten,1116a 中,普鲁塔克引用帕墨尼德斯的话称月亮为 ἀλλότριον φῶς〔变色的发光者〕(= Parmenides,残篇 B14〔i,页 243. 19,Diels – Kranz〕);参看 Empedocles,残篇 B45(i,页 331. 2〔Diels – Kranz〕)。

④ = Parmenides,残篇 B15(i,页 244. 3〔Diels – Kranz〕),Quaest. Rom.,282b 也引用了这句话。

⑤ 见上文第 5 节第 2 个注。

⑥ = Anaxagoras,残篇 B18(ii,页 41. 5 –7〔Diels – Kranz〕)。

⑦ 参看 Aëtius, ii. 25. 11 (Dox. Graeci,页 356 b 21) = Ion of Chios,残篇 A7(i,页 378. 33 –34〔Diels – Kranz〕)。

⑧ 见上文第 5 节第 11 个注。

⑨ 参看 Plutarch,De Placitis,891f = Aëtius, ii. 29. 4(Dox. Graeci,页 360a 3 –8 和 b 5 –11)。

该在月朔看到满月,与月望看到的一样大。① 月亮的偏向或转移,②当然不能被认为是她与天体结合时不可见的原因,正如半月、凸月或新月时;那么,还不如说,'当月亮和她的光源位于一条直线上的时候',如德谟克利特所言,'她承受并获得太阳〔的照射〕',③这样的话,月亮的可见性和允许太阳光透射就是合理的。然而,与此相差甚远,月亮在那个时候本身是不可见的,而且经常掩盖住太阳。如恩培多克勒所言:'月亮使太阳的光束逃散,/从天空直到大地,/有明亮眼睛的月亮布下如此广阔的阴影',④就好像光落入黑夜之中,而没有落在〈一个〉别的星体上。

"至于波希多尼的解释,即月亮的深厚使得太阳光不能照透她并到达地球,⑤这一点很显然会被以下事实所否定,即空气虽然无边无际,是月亮深度的许多倍,但空气会全然被光线照亮,充满阳光。于是剩下恩培多克勒的理论,即我们看见的月光来自月亮对太阳光的反射。这就是为什么当月光到达我们这里时,既不温

---

① 后者是波希多尼的观点,如普鲁塔克在下文 929d 中指出的。参看 Cleomedes, ii. 4. 101(页 182. 20 – 184. 3〔Ziegler〕,和 ii. 4. 104 – 105(页 188. 5 – 190. 16)。

② 即当月亮在其轨道上运行时,月亮在维度(latitude)上的各种偏斜和偏离太阳的月半球的不同部分。关于这两种变化对月相解释的意义,可参看 Cleomedes, ii. 4. 100(页 180. 26 – 182. 7〔Ziegler〕)和 Geminus, ix. 5 – 12(页 126. 5 以下〔Manitius〕)。

③ Democritus,残篇 A89a(ii,页 105. 32 – 34〔Diels – Kranz〕)。关于 κατὰ στάϑμην 的意思,参看 Plutarch, *De Placitis*, 883a, 884c。短语 ὑπολαμβάνει καὶ δέχεται〔承受并获得〕在此有性的意味。参看下文 944e, Plutarch, *De Iside*, 372d, Plutarch, *Amatorius*, 770a, 以及 Roscher, *über Selene und Verwandtes*,页 76 以下。

④ Empedocles,残篇 B42(i,页 330. 11 – 13〔Diels – Kranz〕)。

⑤ 见第 16 节第 14 个注。在 Cleomedes, ii. 4. 105(页 190. 4 – 16〔Ziegler〕)中,普鲁塔克在此处提出的反驳为另一种说法所回应或预见,即空气不像月亮那样具有βάϑος,从它后面所接的内容看,似乎波希多尼所说的月亮 βάϑος,不只是指空间的深度,同时还指某种特定的密度。

暖,①也不明亮,如果存在〈太阳和月亮的〉光的引火物或混合物的话,那我们应该期待月光是温暖且明亮的。② 相反地,正如声音被反射时产生的回音比原来的声音更弱,正如投射物的撞击力在弹跳后减弱,'因此,在冲撞月亮广大的圆面后,光线'③逆行到我们这里时就变得微弱,因为转向减弱了它的力量。"

十七

这时,苏拉插话进来说:"这个看法无疑有其看似合理之处;但是什么说法对于另一面最有说服力,我们的伙伴④是搪塞过去了,还是没注意到?""什么?"卢修斯说,"你是指与半月有关的难点么?""正是,"苏拉说,"因为在这个论点中有一种推理,既然所有反射都发生在相同的角度,⑤那么每当半月在天顶的时候,光线不可能从她

---

① 在下文937b 和Plutarch,*De Pythiae Oraculis*,404d 中,据说太阳光线在从月亮反射过来后,完全失去了热量(参看 Macrobius,*Somnium Scipionisi*,19. 12 – 13〔页560. 30 以下,Eyssenhardt〕)。不过,就在929a 中,普鲁塔克刚说到月光有"微弱"的热量,在 Plutarch,*Quaest. Nat.*,918a 中也这么认为(参看 Aristotle,*De Part. Animal.*,680a33 – 34;〔Aristotle〕,*Problemata*,942a24 – 26)。开普勒(*Somnium sive Astronomia Lunaris*,注200)声称他感觉到满月的光聚集在一个凹面抛光镜中的热度;但是关于月亮热度的第一个真实证据是 Melloni 在1846 时获得的,借助了新发明的温差电堆。参看 R. Pixis,*Kepler als Geograph*,前揭,页135;S. Günther, *Vergleichende Mond – und Erdkunde*,页82,注3;Nasmyth – Carpenter, *The Moon*,London,1885,页184。

② 我在译文中添加了"太阳和月亮"之语,目的是为了使 <τῶν> φώτων〔光亮〕的意思更明确。关于这里涉及的理论,见第16 节第14 个注。

③ = Empedocles,残篇 B43(i,页330. 20〔Diels – Kranz〕)。

④ 见929b 和上文第5 节第2 个注。

⑤ 意为:反射角总是等于入射角。参看〔Euclid〕,*Catoptricaa*(= Euclid,*Opera Omnia*,vii,页286. 21 – 22〔Heiberg〕)以及 Olympiodorus,*In Meteor.*,页212. 7 = Hero Alexandrinus,*opera*,ii. 1,页368. 5(Nix – Schmidt)和〔Ptolemy〕,*De Speculis*,ii = Hero Alexandrinus,*opera*,ii. 1,页320. 12 – 13(Nix – Schmidt);对照菲罗帕纳斯(Philoponus)的更为精确的公式,*In Meteor.*,页27. 34 – 35。

那里射向地球,而必定擦过地球。位于地平线上的太阳发出的光线在此时触及月亮,①因此以相等的角度反射回去,它会恰好出现在相反方向的地平线上,而不会发散到我们这里,要不然就是有大角度的变形和偏离,但这是不可能的。"②

"是的,老天爷在上,"卢修斯说,"也有这方面的讨论。"他看着数学家墨涅劳斯说道,"亲爱的墨涅劳斯,在你面前,我真不好意思去反驳一个数学命题,该命题可以说是这个反射光学问题的基础所在。不过,必须说'所有反射都发生在相等的角度'③这个命题既非不证自明,也不是得到公认的事实。④ 凸镜⑤现象——即视光线的入射点在某一特定方面制造出夸大的像——就可以反驳这一点。折叠镜⑥现象也可以反驳这一命题,把这种镜子折起来并形成一个内角时,它的任一面就会呈现出双重的像,这样就产生了一个单一物体的四个相似像,两个倒像在外面,两个模糊而不颠倒的像在镜子的

---

① 开普勒在他的译文注 19 中指出,此处的"在中天"只有指与黄道线呈直角的大圈才是对的,不能指子午圈。

② Cleomedes, ii. 4. 103(页 186. 7 – 14〔Ziegler〕)概括介绍了这个观点——它针对月光单纯反射阳光的理论——并说它是 σχεδὸν γνώριμον〔几乎众所周知的事情〕。

③ 见第 17 节第 2 个注。

④ 在 Hero 的论证一开始就提到,οὐϑ' ὁμολογούμενον〔并未同意〕是 ὡμολογημένον ἐστὶ παρὰ πᾶσιν〔一致赞同〕的直接否定。(Hero Alexandrinus,〔Opera, Nix – Schmidt 编〕, ii. 1,页 314)。尽管如此,Euclid 的 Optics 中的命题 19 仍然采用了这条法则,该书说,Catoptrics 一书已经陈述过这一法则(Euclid, Opera Omnia, vii,页 30. 1 – 3〔Heiberg〕);而且对该法则的论证被归于 Archimedes(Scholia in Catoptrica, 7 = Euclid, Opera Omnia, vii,页 51 以下)。Aristotle 在 Meteorology, iii. 3 – 5 中也采用了它。也许柏拉图也采用了它(参看 Cornford, Plato's Cosmology,页 154 – 155 关于 Timaeus, 46b 的内容);也可参看 Lucretius, De rerum natura, iv. 322 – 323 和〔Aristotle〕, Problemata, 901b21 – 22 和 915b30 – 35。上面提到的 Euclid, Optics 中的命题 19,应该是欧几里得的"折射光学"的一部分,普鲁塔克在 Non Posse Suaviter Vivi, 1093e 中引用过(参看 Schmidt,前揭,页 304)。

⑤ 即圆筒形的、非球形的、凸镜;关于这句话的结构和含义,参看 Class. Phil. xlvi, 1951,页 142 – 143。

⑥ 关于这种镜子,参看〔Ptolemy〕, De Speculis, xii = Hero Alexandrinus, Opera, ii. 1,页 342. 7 以下。

深处。柏拉图解释了这些像的成因,①因为他说:当镜子两面被抬高的时候,视光线就会交替反射,因为它们从一面转移到另一面。所以,如果〈一部分〉视光线〈从平面〉直接回射向我们,而其他部分则从镜子的另一边擦过,并从那里回射向我们,那么,所有反射都在相等角度发生的说法就是不成立的。② 因此,〈有人〉就直接〈与数学家们〉争论,并坚持否认入射和反射角度的对等,依据正是从月亮照射到地球的那种光线,因为他们认为这一事实比那个理论可靠得多。

"尽管如此,出于对几何学的偏爱——就像我们的至爱!——假定我们必须承认这一点是正确的。③ 首先,只有在被打磨得绝对光滑的镜子上它才是可能的;但月亮是非常崎岖不平的,结果就是:来自一个巨大物体的光线打向众多高地,这些高地彼此接受光的反射和漫射,光线以多种方式被反射并交叉在一起,自相结合的光线到达我们这里就好像是从许多镜子反射过来一样。其次,即使我们假定光线在月面反射的角度都相等,光线在穿越如此大的空间间隔时也可能被折断或改变方向,④以至于模糊和弯曲。有人甚至做了几何学论证,证明月亮是沿着一条从远离我们的弯曲面延伸而来的路线,将许多光线散布到地球的;⑤但我无法边和很多人说话边画出几何示意图。

十八

"总的说,"他说,"让我惊奇的是,他们把在半月、凸月以及新

---

① 普鲁塔克指的是 *Timaeus*,46b – c,不过,在该处,柏拉图只描述了凹的圆筒镜,没有说到折叠镜。普鲁塔克显然误以为柏拉图描述这种镜子水平曲率的话,ἔνϑεν καὶ ἔνϑεν ὕψη λαβοῦσα,是指折叠镜的两个面在它们相接的枢纽处形成的角。
② 见第 17 节第 2 个注。
③ 即认为反射角与入射角永远相等的那个"理论"。
④ 普鲁塔克在这里指的是大气折射的作用。参看 Plutarch, *De Placitis*, 894c = Aëtius, iii. 5. 5(*Dox. Graeci*, 页 372. 21 – 26);Cleomedes, ii. 6. 124 – 125(页 224. 8 – 28〔Ziegler〕);Alexander, *In Meteor.*,页 143. 7 – 10。
⑤ 参看 Cleomedes 在 ii. 4. 103(页 186. 14 – 188. 7〔Ziegler〕)中提出的论证。

月时月光对地球的照射作为反对我们的例证。① 毕竟,如果被太阳照亮的月球物质是轻飘的或燃烧着的,那么,太阳不会让她②的半球——对于我们的感知而言——总是处于阴影中而不被照射到。与之相反,如果太阳在旋转中总是非常轻微地掠过月亮,那么,她应该被轻易地从全方位照射过来的光全部充满并完全被改变。葡萄酒一碰到水③或一滴血落到液体中,在〈接触的〉一瞬间都会使全部液体变红,④而且他们说空气本身被阳光充满,不是靠任何与它混在一起的流出物或光线,而是靠由光的影响或接触造成的一种变化。⑤既然如此,那么,他们如何想象一颗星能够与另一颗星相接触,或者光与光相接触,并且仅仅照亮那些它所触及的表面部分,而不是结合在一起并产生一种完全的混合体和完全的改变?⑥ 事实上,太阳在运转中所形成的并引起月亮变化的圆周,有时与将月亮分为可见部分和不可见部分的圆周相吻合,有时与它呈直角以至彼此交叉。通过亮部与暗部的不同倾斜度和关系,这个圆制造了凸月和新月的月相。⑦ 这令人信服地证实了月亮的发光不是由于结合,而是由于接触;不是由于她内部光的凝聚,而是由于来自外部的光照在她上面。

"不管怎样,既然月亮不仅自身被照亮,而且好像少量的光也传输给我们,这就更能证明我们关于其构成物质的理论。不存在来自任何质地稀薄之物的反射,甚至难以想象光与光之间或者火与火之

---

① 这是说:月亮在半月、凸月和新月时对廊下派来说有这样一个很大的困难,即对他们而言,以这些现象为例证,来反驳月亮通过反射光线照射的理论,是奇怪的。
② 参看下文931c。
③ 参看 Plutarch, *De Communibus Notitiis*, 1080e(= *S. V. F.*, ii, 残篇 487)以及下文 930f 注 d 中引用的 *S. V. F.*, ii, 残篇 433。
④ 参看 Plutarch, *De Communibus Notitiis*, 1078d - e(= *S. V. F.*, ii, 残篇 480)和 *S. V. F.*, ii, 残篇 473、477、479。
⑤ 参看 *S. V. F.*, ii, 残篇 433(Galen, *In Hippocr. Epidem. vi Comment.* iv, vol. xvii, B, 页 161〔Kühn〕。也可参看上文第 5 节倒数第 2 个注。
⑥ 参看 Cleomedes, ii. 4. 101(页 182. 20 以下〔Ziegler〕)中关于波希多尼的学说。普鲁塔克在此处一般性地反对波希多尼和廊下派。
⑦ 参看 Cleomedes, ii. 5. 109 - 111(页 196. 28 - 200. 23〔Ziegler〕)。

间的反弹;造成反弹或反射的东西,必须是质地紧凑和固体性的,这样才能阻止并抵制风吹。① 至少空气让相同的阳光顺畅地通过,这些阳光从暴露在其光线下的木、石和衣服那里被广泛地反射和发散出去。我们看到,地球同样以这种方式得到太阳的照射。地球不会让光像穿透水那样穿透它的深处,也不会像空气那样充满自身。但是环绕着月亮的太阳圈挡住了月球的一部分,正是这样一个圈进而环绕地球,使地球的同样大的一部分总是发亮,而另外的部分总是没有被照亮,②因为两者③中任一者被照亮的部分,看起来都略微大于一个半球。④ 请允许我用几何学比例的方式来表达这一点。假定来自太阳的光接近三样东西:地球、月亮和空气;如果我们明白月亮被照亮不像空气被照亮,倒像地球被照亮,那么,同样的介质产生同样的作用,月亮上的东西必定与地球上的东西具有类似性质。"⑤

十九

当大家都向卢修斯鼓掌表示赞许时,我说:"祝贺你为一个精妙的解释增加了精妙的部分,因为属于你的东西一定不会被骗走。"他因此笑道:"好的,那部分会再次用到,以便我们可以证明,月亮与地球的类似不仅是因为相同介质对两者的作用相同,而且因为两者对相同承受者(patient)的作用也是相同的。

---

① 参看 Cleomedes, ii. 4. 101 – 102(页 184.9 – 18〔Ziegler〕)。克利沃默德(Cleomedes)假定月亮是 μανόν〔稀疏的〕,他以此作为否认反射的一个论据,而普鲁塔克已经证实了反射的必然性,他以此来支持月球为土质的主张。
② 参看 Cleomedes, ii. 5. 108(页 194.20 以下〔Ziegler〕)。
③ 〔译按〕即月亮和地球。
④ 参看 Cleomedes, ii. 5. 109(页 198.6 – 9〔Ziegler〕)。
⑤ 普鲁塔克表达的要点是月亮必定由土构成,而不是由气构成,因为它受阳光的影响如同地球受阳光的影响,而不像空气受阳光的影响。

"现在我要假定,就太阳来说,没有什么情况比日落与日食之间更相似的了。你们会同意这一点,如果你们记得最近的这一次天体之合,发生在中午刚过的时候,它使得许多星星在天穹①的许多部位闪烁,使天空(the air)变得如在薄暮时分。② 如果你们记不得了,忒翁将为我们引证弥涅墨斯(Mimnermus)、③昔狄亚斯(Cydias)、④亚基罗古斯(Archilochus)、⑤斯泰西科拉斯(Stesichorus)以及品达的话,⑥他们在日食发生时,悲悼'最明亮的星失去了'⑦和'黑夜在正午降临',⑧而且说,太阳之光'〈被赶入〉阴暗之途';⑨他还会引用荷马,荷马说'黑夜和黑暗遮住了人们的脸'⑩和'太阳消失于天穹',⑪这话与月亮有关而且〈暗示〉'当月亮由亏转盈时',它就自然地发生。⑫ 至于其他的,我想精确的数学已经将其简化为〈明晰〉而确定的〈规则〉,即黑夜是地球的阴影,⑬而日食是每当视光线遇见

---

① 关于这一次日食,见前文导言关于对话发生日期的讨论。
② 关于λυκαυγές[黎明]见下文 941d 和 Lucian, *Vera Hist.*, ii. 12。
③ 参看 *Anthologia Lyrica Graeca*, Diehl 编², i. 1, 页 50 – 57 和 *Elegy and Iambus*, i, 页 82 – 103;[Plutarch], *De Musica*, 第八章, 1133 – 1134 曾提到弥涅墨斯(Mimnermus)。
④ 参看 Plato, *Charmides*, 155d; Edmonds, *Lyra Graeca*, iii, 页 68; Wilamowitz, *Textgeschichte der griechischen Lyriker*, 页 40, 注 1。
⑤ 参看 Archilochus, 残篇 74 (*Anthologia Lyrica Graeca*, i. 3, 页 33 = Edmonds, *Elegy and Iambus*, ii, 页 134)。
⑥ 参看 Pliny, *Nat. Hist.*, ii. 12, §54。
⑦ = Pindar, *Paean*, ix. 2 – 3。
⑧ 也许是 Stesichorus 的诗句,参看 Bergk, *Poetae Lyrici Graeci*⁴, iii, 页 229 (残篇 73)和 Edmonds, *Elegy and Iambus*, i, 页 102, 注 1。
⑨ 参看 Pindar, *Paean*, ix. 5。
⑩ 改写自 *Odyssey*, xx. 351 – 352。
⑪ *Odyssey*, xx. 356 – 357。
⑫ *Odyssey*, xix. 307。关于对荷马诗句的这一解释,参看[Plutarch], *De Vita et Poesi Homeri*, i, 第 108 章(vii, 页 388. 15 以下[Bernardakis])和 Heraclitus, *Quaestiones Homericae*, §75(页 98. 20 – 99. 18[Oelmann])。
⑬ 参看 Plutarch, *De Primo Frigido*, 953a 和 *Plat. Quaest.*, 1006f, 普鲁塔克在其中谈论 *Timaeus*, 40c 时,引用了的恩培多克勒的说法,大意如此。亚里士多德也谈到这个定义,见 *Topics*, 146b28 和 *Meteorology*, 345b7 – 8。

月亮时产生的阴影。① 事实是,日落的时候,太阳被地球遮挡所以我们看不见,在日食时则是被月亮遮挡;两者都是星掩现象,只是黄昏是为地球所掩,日食则为月亮所掩,她的阴影阻挡了视光线。② 由此推出的事情就容易理解了。如果作用是类似的,那么介质也是类似的,因为一定是类似的介质使类似的作用发生在类似的对象上。

"如果日食的黑暗不像夜晚那么深,或者天空没有夜晚那么沉重,我们也不必感到奇怪。原因在于,造成黑夜的天体与造成日食的天体虽然质地类似,但大小不一样。我想起来,事实上,埃及人说月亮是〈地球的〉七十二分之一,③阿那克萨戈拉则说有伯罗奔半岛那么大;④而且阿里斯塔尔库斯证实,〈地球与〉月球的直径比小于60 比 19,大于 108 比 43。⑤ 因此,由于地球这个遮挡物体积巨大,它使我们完全看不见太阳,而遮挡持续的时间就是夜晚。不过,月亮有时也完全遮挡住太阳,尽管日食不会持久;然而〔太阳〕边缘有一种光使阴影不至于完全黑暗。⑥ 古代的亚里士多德认为,这是月食比日食更经常被观测到的原因之一,他说日食是因为月亮的介入,

---

① 参看上文 929c – d 所引用的恩培多克勒诗行。在 Plutarch, *De Placitis*, 890f = Aëtius, ii. 24. 1 中,对日食的这一解释被归于泰勒斯,但完全没有历史根据,正如随后的词条所示。

② 参看 Cleomedes, ii. 3. 94 – 95(页 172. 6 – 10〔Ziegler〕)和 ii. 4. 106(页 192. 16 – 24);Geminus, x(页 130. 11 – 132. 12〔Manitius〕)。

③ 我不知道有其他材料提及这一估计。

④ 根据 *Hippolytus, Refut.* , i. 8. 6 – 10(= *Dox. Graeci*, 页 562 = 阿那克萨戈拉, 残篇 A42〔ii, 页 16. 16 – 31, Diels – Kranz〕),阿那克萨戈拉说太阳的大小超过伯罗奔半岛。(参看 Aëtius, ii. 21. 3 和 Diogenes Laertius, ii. 8)。此处关于月亮的说法不见于 Diels – Kranz。

⑤ 见阿里斯塔克的论文《太阳和月亮的大小和距离》(参看 Heath 编辑和翻译的《萨摩斯的阿里斯塔克》,前揭,页 351 以下),虽然普鲁塔克没有说这与廊下派学说相抵触,但老一辈正统廊下派坚持认为月亮和太阳都比地球大(参看 Plutarch, *De Placitis*, 891c = Aëtius, ii. 26. 1 = *S. V. F.* , ii, 残篇 666;参看 Pliny, *Nat. Hist.* , ii. 11〔8〕. 49)。

⑥ 参看 Cleomedes, ii. 4. 105(页 190. 17 – 26)。

而月食却是〈由于体积大得多的地球的介入〉。① 波希多尼给出了这样一个解释:'以下情形是出现日食的条件,即月球阴影与〈它可遮住的地球的〉任何〈部分〉相合,因为只有那些视线被月球阴影拦截和屏蔽的人,才看得见日食';②——既然他承认月亮的阴影笼罩在我们身上,那么,对于我的观点,他就无话可说了。对于一个星体而言,并不存在任何阴影,因为阴影表示未被照亮的地方,而光不会产生阴影,只会自然地消灭阴影。"③

二十

"那么好,"他说,"接下来的证据是什么呢?"我应道:"月亮也有类似的食现象。"他说:"谢谢你的提醒;但我可以假定你已被〔我〕说服,并且认为月食是由于月亮被摄入阴影之中,因而直接同意我的观点?④ 或者,你更想让我给你们做一次讲演来——列举证明每个观点?""老天在上,"忒翁说,"请你给这些先生们做一次讲演吧。至于我,同样需要说服,因为我只听到这种说法:当这三个天体:地球、太阳和月亮,呈直线时,食现象就发生,因为地球遮住了

---

① = Aristotle,残篇 210(Rose)。这里参照的不是 *De Caelo*,293b20 – 25,因为亚里士多德在该处给出的不是自己的观点,而是某些毕达哥拉斯主义者的观点(参看 Cherniss,*Aristotle's Criticism of Presocratic Philosophy*,页 198 – 199 和在该处引用的 Aëtius,ii. 29. 4)。关于专门用语 σελήνης〔月亮〕或 γης ἀντίφραξις(〔月食时〕遮住地球),参看 Aristotle,*Anal. Post.*,90a15 – 18;关于这整段话,参看 Pseudo – Alexander,*Problem*,2. 46(Rose,*Aristoteles Pseudepigraphus*,§ 194,页 222 中引用过)和 Philoponus,*In Meteor.*,页 15. 21 – 23。

② 参看 Cleomedes,ii. 3. 94 – 95(页 172. 6 – 17〔Ziegler〕)和 98(页 178. 13 – 24),ii. 4. 106(页 192. 14 – 20)。

③ 波希多尼把月亮归为"星";参看 Arius Didymus,*Epitome*,残篇 32(*Dox. Graeci*,页 466. 18 – 21)和 Edelstein,A. J. 页 lvii(1936),页 297。关于月光是月亮自身的光和在她之中发生变化的太阳光的产物的理论,参看 Cleomedes,ii. 4. 101(182. 20 – 184. 3〔Ziegler〕)和 104(页 188. 5 – 27),后者指出普鲁塔克的这个论点如何从波希多尼的视角回应。

④ 即月亮是土质的观点,在第 19 节(931d)的开头,卢修斯曾以比例形式陈述过这一点。

月亮,或者,月亮使地球得不到阳光。当月亮居于三者中间位置时,太阳被蚀;当地球居于三者中间位置时,月亮被蚀。前者发生在天体相合之时,而后者出现在月望之时。"①

于是,卢修斯说:"这些不过是关于此论题的概略观点,要是你愿意,我首先补充一点从这阴影的形状得出的论点。当巨大的球状火或光笼罩较小的球体时,这阴影自然是一个锥面。② 这是月食的黑暗部分相对于明亮部分的轮廓线是弓形曲线的原因。③ 无论什么时候,两个圆形物体相遇,它们相交的线都是环形的——因为它们处处都有相同的走向。④ 第二,我想你知道,月亮首先被蚀的部分是东面,而太阳是西面,地球的阴影是自东向西移动,而太阳和月亮则正相反,是自西向东。⑤ 这对于感官知觉来说是可见的现象,不需要很详细的解释就能明白,而这些现象确认了日月食的成因。既然太阳被蚀是因为被赶上,而月亮被蚀是因为遇到产生食的物体,那么,太阳先从后面被赶上而月亮则先从前面被赶上就是合理的,或者确切地说是必然的,因为遮挡是从拦截体首先侵蚀的点开始的。太阳从西边被紧追它的月亮所侵蚀,而月亮则从东边〈被〉可以说正从相反方向扫下的〈地球阴影〉所侵蚀。第三,另外得考虑月食的持续时间和大小。当月亮在高处并远离地球的时候被蚀,她只会被遮蔽一小会;但当月亮在低处且离地球较近时发生同样的事情,她就

---

① 参看 Cleomedes, ii. 6. 115(页 208. 9 – 12〔Ziegler〕)中关于月食的内容;ii. 4. 106(页 192. 14 – 20)中关于日食的内容。亦可参看 Theon of Smyrna, 页 193. 23 以下和页 197. 22 以下(Hiller);Geminus, viii. 14(页 104. 23 以下〔Manitius〕)。

② 见上文第 6 节第 7 和第 8 个注。

③ 参看 Cleomedes, ii. 6. 118(页 214. 2 – 12〔Ziegler〕);Aristotle, *De Caelo*, 297b23 – 30。

④ 即相交线总是圆弧,因为两个平面中任何一个的曲率在每个点上都是相似的。关于这一解释,参看 *Class. Phil.* xliv, 1951, 页 144。

⑤ 参看 *Class. Phil.* xliv, 1951, 页 144;Cleomedes, ii. 6. 116(页 210. 6 – 19〔Ziegler〕),117(页 212. 1 – 12)中关于月食的内容;ii. 5. 113 – 114(页 204. 27 以下)中关于日食的内容;Geminus, xii. 5 – 13(页 138 – 140〔Manitius〕)中关于太阳和月亮向东运动的内容。

会被强有力地控制住,并缓慢地脱离阴影,虽然在低处时她的运动力最大,而在高处时运动力最小。不同的原因在于阴影,阴影在底部时最宽,如圆锥面,然后逐渐收缩,直到消失于尖细的顶点。因此,如果月亮在低处遇到阴影,它就被卷入最大的圈中,①并穿过其纵深和最暗的部分;但是如果在高处,由于阴影纤细,她只是轻擦而过,就像在浅水中。②

"我要省略除此之外所有据说与相位和变化特别相关的内容,③因为这些相位和变化,在可能的范围内,④也符合这里所说的原因。〔然后,〕反而回到在我们眼前的以感觉依据为基础的论证上。⑤ 我们看到在一个阴暗的地方,火发光并闪耀得更强烈,⑥这要么是因为稠密的黑暗空气不接纳火光的放射和扩散,而将物质限制

---

① 参看 Plutarch, *De Communibus Notitiis*, 1080b。
② 参看 Cleomedes, ii. 6. 119(页 214. 13 – 216. 8〔Ziegler〕);关于在观察者看来,行星似乎在离地球最近时活动最敏捷,而在离地球最远时活动最慢,参看 Cleomedes, ii. 5. 112 – 114(页 202. 26 – 206. 27)和 Theon of Smyrna,页 135. 6 – 11 和 157. 2 – 12(Hiller)。不过,普鲁塔克的用词暗示月亮接近地球时有意识地加快速度,下文 944a 的神话中说,月亮是为了摆脱阴影而加快速度。与卢修斯在此处所说的相反,井普勒在其译文的注 51 中宣称,近地点月食,即使在中间,也比远地点月食更短。普里卡德(Prickard)在 *Plutarch on the Face of the Moon*(Winchester and London, 1911,页 11)中说,在任何情况下,远地点月食都应该(比近地点月食)长约十五分之一。诺伊格鲍尔(Neugebauer)教授告诉我,按照托勒密对月亮和地球阴影的外观直径的计算以及盖明诺(Geminus)提出的关于速度的著名数值,远地点的最大月全食应该是 4;3,23^{hr},而近地点是 3;20,0^{hr}。
③ 此类问题也许可以参考 Geminus, ix(页 124 – 130)〔Manitius〕所谈论的内容。
④ 提供对物理现象的毫无遗漏且精确的科学解释是不可能的,因为它们牵涉不确定性问题,参看 Aristotle, *Anal. Post.*, 87a31 – 37 和 *Meteorology*, 995a14 – 17, 1078a9 – 13(参看 Zeller, *Die Philosophie der Griechen*, ii. 2,页 166,注 3)。关于柏拉图的更极端的态度,尤其参看 *Timaeus*, 29b – c, *Philebus*, 56 和 59。普鲁塔克在 *Quaest. Conviv.*, 744e – f 中似乎想到了 *Philebus*, 56c,在那里他使天文学"服侍"几何学,如同他在 *Quaest. Conviv.*, 720c 中,想到 *Philebus*, 66a – b(参看 R. M. Jones, *Class. Phil.* vii, 1912,页 76 – 77)。关于"物理科学"的精确性必然缺失的观念,可进一步参看 Plutarch, *Plat. Quaest.*, 1001e 以下和 *Quaest. Conviv.*, 699b。
⑤ 参看第 20 节第 1 个注。
⑥ 参看 Cleomedes, ii. 3. 99(页 180. 11 – 13〔Ziegler〕)和 ii. 6. 120 – 121(页 218. 2 – 3)。

并集中在一个地方,要么是因为这是我们感觉的作用,即如同热的东西在与冷的东西比较时就显得更热,快乐在与痛苦相对比时就显得更强烈,因此,亮的东西与暗的东西比较时就显得特别亮,它们的表象在与不同的印象相比照时被强化了。① 前一种解释似乎更有道理,因为任何一种火在阳光下都不仅丧失光亮,而且作用力和强度也降低,原因是太阳的热驱散了它的力量。② 因此,如果如廊下派自己所断言的,③月亮是一个相当混杂的星体,其自身有微弱的火,那么,现在她明显不会发生那些事情,而应该发生完全相反的事情;在她被隐藏的时候应该是显露的,而显露的时候则应该是被隐藏的。当月亮周围的以太④使她变模糊的时候,她在其他时间里都是被隐藏的,除了每隔六个月或五个月,当她渗透入地球阴影之中,她才发出光辉并变得明亮,因为 465 次满月食中有 404 次出现的周期是六个月,其他的出现周期是五个月。⑤ 那么,月亮应该按照这样的时间间隔在阴影中透露出光芒,然而月亮〈在阴影〉中被蚀并丧失了光亮,但一旦脱离阴影就再一次重新获得光亮⑥,甚至经常在白天显露出来,这意味着她肯定不是一个含火的类似星星的天体。"

二十一

在卢修斯说到这一点的时候,法尔纳克斯和阿波罗尼德斯都跃跃欲言。阿波罗尼德斯先谦让,于是法尔纳克斯说道:"正是这一点

---

① 参看 Plutarch,*Quomodo Adul. ab Amico Internosc.*,57c 和 *De Herodoti Malignitate*,863e。

② 参看 Aristotle,*De Caelo*,305a9 – 13;〔Alexander〕,*De Anima Libri Mantissa*,页 128. 2 – 7(Bruns),而且,在 Plutarch,*De Placitis*,891d = Aëtius,ii. 28. 4(*Dox. Graeci*,页 358)中,对月相的该解释被归于安提丰(Antiphon)。

③ 见上文 928d 以及第 15 节最后一个注和下文 935b。

④ 此处的 aithēr〔以太〕一词是在廊下派的意义上使用的,与上文 922b 和 928c – d 一样。

⑤ 关于 465 次满月食的这一周期,参看 *Class. Phil.* xlvi,1951,页 145。

⑥ 关于这一论点,参看 Cleomedes,ii. 4. 103(页 182. 10 – 16〔Ziegler〕)。

首先证明月亮是一个星体或者是火,因为在月食中她并非完全不可见,而是呈现出独有的阴燃和阴沉的颜色。①"阿波罗尼德斯提出了一个关于"阴影"的异议,根据是科学家们一直用这个称呼指称无光的区域,而且天穹不容纳阴影。② 我说:"提出这个异议的人对这个名称吹毛求疵,不像一个自然科学家和数学家对待事实的态度。如果有人不把被地球遮蔽的区域称为'阴影',而坚持称之为'无光的地方',那么,当月亮进入这一区域时,她也仍然必定〈被遮掩住,因为她失去了阳光的照射〉。地球的阴影〔可以〕到达这样一个位置,〈从这个位置〉,月亮的阴影影响视觉并〈延伸〉到地球,从而引起了日食,一般而言,否认这一点是愚蠢的。

"现在得说到你了,法尔纳克斯。你所说的月亮独有的闷烧和阴沉的颜色,是结构紧密的固体物的特征,因为稀薄之物的燃烧残迹不会留存,如果没有通体着火并持续燃烧的硬物,也不可能有白热光。③ 所以荷马也在某个地方说过:'但是当火焰消失,燃烧停止,他清除灰烬……'④原因可能是,看上去像火的东西⑤并不是火,

---

① = S. V. F., ii, 残篇 672。参看 Pliny, Nat. Hist., ii. 9.42; Olympiodorus, In Meteor., 页 67.36 – 37; Philoponus, In Meteor., 页 30.37 – 31.1 和页 106.9 – 13。用裸眼观看,即使是月全食,月亮也很少全然不可见(参看 Dyson and Woolley, Eclipses of the Sun and Moon,页 30; C. A. Young, Manual of Astronomy, 1902, §287; Boll, s. v. "Finsternisse,"见 R. E. vi. 2344)。直到十六世纪,月全食时月亮的外观颜色仍被认为是月亮本身有光的证据,W. Herschel 甚至可能也有该想法(参看 Pixis, Kepler als Geograph, 页 132 – 133)。

② 对于廊下派而言,这一点的根据是将 οὐρανός〔天穹〕定义为 ἔσχατον αἰϑέρος〔最高处的以太〕和 πύρινον〔火似的、火热的〕,参看 S. V. F., i, 页 33, 残篇 115 和 116; S. V. F., ii, 残篇 580〔页 180.10 – 12〕)。

③ 参看上文 922a – b。

④ Iliad, ix. 212 – 213。参看 Ludwich, Aristarchs Homerische Textkritik, i, 页 302; Eustathius, Ad Iliadem, 748.41; Scholia Graeca in Homeri Iliadem, Dindorf 编, i, 页 312。

⑤ Purser 指出(Hermathena, xvi, 1911, 页 316), ἄνϑραξ〔煤炭〕可以表示煤燃烧的任何程度,从完全炽热到灰烬均可,而且,火需要固体物质才能维持燃烧的观点经常被用来反对廊下派的世界大火灾论,参看 Philo, De Aeternitate Mundi, §§86 – 88(vi, 页 99.14 – 100.10〔Cohn – Reiter〕)。

而是起火燃烧的物体,它附着于一个固态的而且稳定的东西,并持续用它来充实自身,而火焰是稀薄养料或由于微弱而迅速融化的物质的燃烧和流动。因此,如果这阴燃的颜色真是月亮本身的颜色,那它正是证明月亮为土质且结构紧密的最明显证据。

"但是,亲爱的法尔纳克斯,事实不是这样的。因为月食发生时,她呈现出许多颜色的变化,科学家们已经根据时间或赤经辨识出这些颜色变化的范围:①如果月食发生在黄昏与赤经 3.5h 之间,她呈现出可怕的黑色;如果在半夜,则发微红色和火焰般的光;从赤经 7.5h 开始,她的脸庞泛起红色;最后,如果黎明将近,她就呈现出浅蓝或蔚蓝②的色调,正是由此,诗人们和恩培多克勒给了她'明眸'的称号。③ 现在,当人们看到月亮在阴影中呈现出这么多种色调,仅仅选定阴燃的颜色就是弄错了,这种颜色尤其可以说是与她不同的,确切地说,它是萦绕在阴影周围并穿透阴影的光线的混合或残迹,而黑色或土色才可以说是她的本色。④ 在地球上靠近湖河

---

① 参看 Plutarch, *Aemilius Paulus*, 17(264b), *Nicias*, 23(538e)。对这一现象的描述和解释,参看 Sir John Herschel, *Outlines of Astronomy*, §§421 – 424 和 J. F. J. Schmidt, *Der Mond*, Leipzig, 1836, 页 35。占星学对月全食时月亮的不同颜色有特别关注:参看 *Catalogus Codicum Astrologorum Graecorum*, vii (Brussels, 1908), 页 131.6 以下; Ptolemy, *Apotelesmatica*, ii. 14.4 – 5 (页 101 – 102〔Boll – Boer〕) 和 ii. 10.1 – 2 (页 91 – 92); Boll 在 *R. E.* vi. 2350 中以为, 在当前段落中普鲁塔克用 μαϑηματικοί 意指"占星家"(但参看下文 937f)。无论是在该处,还是在论文"*Antike Beobachtungen farbiger Sterne*"中,Boll 都没有提到根据月食的时间做任何颜色的分类, Gundel, s. v. "Mond"见 *R. E.*, xvi. 1. 101 – 102 也没有做此分类。关于不同月相的盖明诺历法 (ix. 14 – 15〔页 128 – 130, Manitius〕) 没有关注这一问题, 因此, 并非如 Adler 所言 (*Diss. phil. Vind.* x, 1910, 页 157), 这可以作为普鲁塔克在此处的资料来源为波希多尼的一个标志。

② 在 Plutarch, *Marius*, 11(411d) 中, χαροπότης〔蔚蓝〕一词被用来描绘 Teutons and Cimbrians 的眼睛的颜色; 在 Plutarch, *De Iside* 352d 中, 亚麻花的颜色被说成类似 τῇ περιεχούσῃ τὸν κόσμον αἰϑερίῳ χαροπότητι。

③ 见上文 929d 和第 16 节倒数第 5 个注。但由于 ἀνακαλοῦνται〔称号〕一词,Diels 认为普鲁塔克肯定在此处想到了恩培多克勒的一句以祷词 γλαυκῶπι Σελήνη〔目光炯炯的月亮〕结尾的诗句。亦参看 Euripides, 残篇 1009(Nauck²)。

④ 参看开普勒对这一句的评论(注 56)。

的地方,在阳光下会呈现出遮挡住这些地方的紫色和红色遮阳篷的色彩和光芒,这是由于倒影释放出多种不同的光泽。因此,如果一大片阴影仿佛伸进天上的光海,这光海不是静止不动的,而是经历各种各样的结合和变化,就好像被无数星星搅拌着一样,那么,这阴影在不同的时间被月亮染上不同色彩,并为我们所见,又有什么奇怪呢?① 阴影中的星或火不会发出黑色、灰绿色或浅蓝色的光;但来自太阳的多种颜色的光掠过高山、平原和大海,与阴影和薄雾相混合,这样所产生的光辉②,就好像画家用颜料调配出来的一般。荷马竭尽所能地描绘了大海的那些颜色,他用的词汇有'紫罗兰色'、③'酒暗色的深渊'④以及'紫色长浪',⑤在别的地方又用了'灰绿色的海'⑥和'白色的宁静';⑦但是他忽略了那块地面周围的颜色在不同时间的无穷变化。

"不过,月亮可能没有类似大海的纯粹平坦表面,而是在构造上接近地球,古代的苏格拉底曾以此构造作为一篇神话的主题,⑧他要么是以谜语的形式谈论这个地球,要么是描述其他土地。⑨ 如果月亮〈内部〉没有任何混浊或黏稠的东西,而是从天穹获取了纯净且温暖的光,它不是炽热猛烈的火,而是湿润、⑩无害的处于自然状态的火,那么月亮上有绝美的开阔区域和火红耀眼的山峦,深紫红色

---

① Plutarch,*De Genio Socratis*,590c 以下有类似但更细致的描述,在该处,星星被描述成在天海中运动的岛,亦参看 Plutarch,*De Sera Numinis Vindicta*,563e-f。
② 关于作为一种颜色的 λαμπρόν[光辉],参看 Plato,*Timaeus*,68a。
③ 例如 *Iliad*,xi. 298。
④ 例如 *Iliad*,i. 350。
⑤ 例如 *Iliad*,i. 481-482。
⑥ 只见于 *Iliad*,xvi. 34(参看 *Scholia Graeca in Homeri Iliadem*,前揭,ii,页92)。
⑦ *Odyssey*,x. 94。
⑧ Plato,*Phaedo*,110b 以下。
⑨ 拉姆普里亚斯的意思是,苏格拉底的话如果是关于地球的,那就肯定会被看成一个谜,但如果是描述其他地方,例如月亮,那就是直接的描述。
⑩ 或者,也可能是抄写错误,将 νοεροῦ[理智的]写成 νοτεροῦ[湿润的];参看 *Class. Phil.* xlvi,1951,页145。

地带的金银,不是分散在深处,而是堆积在平原或清晰可见的光滑的高地上,这一切实际上是可信的,也并不让人惊讶。① 如果透过阴影,我们瞥见了这些——由于天气的变化,它们在不同的时间有不同的样子——那么,月亮体面的名声和神性都肯定不会有所削弱,因为在人们看来她是〈在天上的〉神圣土地,而并非如廊下派所言,是污浊的火。② 诚然,火在米提亚人和亚述人中得到粗鄙的尊崇,他们由于恐惧,借助赎罪物,崇拜邪恶的力量而不是值得尊敬的东西;但是对于每个希腊人而言,土的名称当然是亲切可敬的,而且,像崇敬任何其他神一样崇敬月亮是我们的古老传统。作为人,我们根本不会由于月亮是天上的③土,就以为她是一个没有灵魂和心智的物体,以为她没有分享我们适当地奉献给诸神的初次收成。这是按照习俗,回报诸神给予我们的东西,并自然地崇敬在品德和力量上都更好和更值得尊敬的事物。因此,让我们不要以为以下的假定是一种冒犯,即她是土地,而且她的面庞因此所呈现出来的样子正如我们的土地,有着某些巨大的沟壑。〔月亮上的〕土地也有裂开的巨大纵深的口子,里面充满水或昏暗的空气;太阳的光线不能直射到甚至不能触及这些深渊的内部,光线〔在这里〕衰弱了,而且从这里发送回去的映像是不连贯的。"④

二十二

这时,阿波罗尼德斯插话进来。他说:"就拿月亮她本身来说,你们这些人难道认为这有可能么:月亮上有什么裂缝和峡谷,它们

---

① 这一描述的细节使人想到 Plato, *Phaedo*, 110c – 111c,普鲁塔克在上文已有所涉及。
② 见上文 928d 和 933d。当前段落在 *S. V. F.* 中没有列出。
③ 见上文第 16 节第 6 个注。
④ 关于这种反射的"不连贯性",参看上文 921c 和 *Quaest. Conviv.*, 696a – c。

的阴影会从月亮投射到这里,并且被我们看见?或者是你没有估计到结果,我应该告诉你这结果是什么吗?那就请听听吧,虽然这结果你一点也不陌生。就外观上的尺寸而言,月亮直径平均有十二指宽;①而每个黑色和有阴影的斑点看起来都大于半个指宽,因此就大于直径的二十四分之一。那么好,如果我们应该假定月亮的周长只有三万个赛跑场长,而其直径是一万个赛跑场长,那么,她的每个阴影斑点按假定的尺寸就不会小于五百赛跑场长。② 现在,让我们首先考虑一下,月亮上是否可能有那么大的深谷和褶皱,以至可以投射如此巨大的阴影;第二,如果真有那么大的深谷和褶皱,为什么我们看不见。"

当时,我对他笑了一下说:"阿波罗尼德斯,祝贺你发现了这样一种论证。〈如果〉你打算用这样令人愉快的推理来满足感觉,也就是投射出来的阴影越大,投射阴影的东西也越大,那么当太阳使我们的影子变得很大时,你这个论证就能够让你证明,你我都比阿洛欧斯的著名的儿子们还高,③但不是在白天的任何时间,而是在凌

---

① 参看 Cleomedes, ii. 3. 95(页 172. 25 – 27〔Ziegler〕);关于十二指宽的度量,参看 Heath, *Aristarchus of Samos*,前揭,页 23,注 1。

② 阿波罗尼德斯出于其观点的需要有所夸大,因为五百赛跑场长是一万赛跑场长的二十分之一,而不是二十四分之一。不过,他可以自我辩解说,每个斑点大于半个指宽,因而大于直径的二十四分之一。另一方面,由于支持保守倾向,他可能有意使自己对月亮大小的估计出错:比较"只有三万个赛跑场长"。这样的数值,即使作为最小值,也是可观的。Cleomedes(ii. 1. 80 – 81〔页 146. 25 – 148. 3, Ziegler〕)提供的月亮直径数值是四万赛跑场长,并以此为基础假定地球是月亮的两倍大,地球周长是二十五万赛跑场长,这是根据埃拉特斯托尼的计算,因而地球直径"超过八万赛跑场长"。普鲁塔克在地球直径上采用了同一数值(见上文 925d),但他假定地球直径和周长是月亮的三倍(见上文 923b 及注 d),这样,月亮直径应该大于两万六千赛跑场长。然而,按胡尔奇的说法,波希多尼计算的月亮直径是一万两千赛跑场长(参看 *Abhand. K. Gesell. Wissensch. Zu Göttingen*, Phil. – Hist. Kl. , N. F. i, No. 5,页 38),按一般近似值计算,月亮周长应为三万六千赛跑场长;阿波罗尼德斯的最小估计可能基于这些数值。关于通常的周长与直径 3∶1 的"大致近似值",参看 Archimedes, *Arenarius*, ii. 3(*Opera Omnia*, ii,页 234. 28 – 29〔Heiberg〕)。

③ Otus and Ephialtes:参看 Plutarch, *De Exilio*, 602d; *Iliad*, v. 385 – 387; *Odyssey*, xi. 305 – 320; Apollodorus, *Bibliotheca*, i. 7. 4. 2 – 4。

晨和傍晚，尤其是在凌晨。我相当清楚我们俩都不曾在莱姆诺斯岛（Lemnos）呆过；不过，我们都经常听到这一句脍炙人口的话：'阿索斯①将罩住莱姆诺斯岛上小母牛的侧面。'②这话说的显然是山的影子可以在海上延伸不少于七百赛跑场长，③投射到一头青铜制的小母牛身上；〈但我相信，〉投射影子的东西④〈不必〉有〈七百赛跑场〉高，原因在于，光源与这些物体相隔遥远，所以影子比投射影子的这些物体大很多倍。⑤ 因此请注意，在满月的时候，由于阴影的纵深非常清晰地展现出月面形象，这时太阳离月亮最远。原因在于，仅仅是光源的遥远，而不是月亮表面不规则之物的巨大，造成了很大的阴影。此外，即使以山为例，耀眼的太阳光也使得人们无法在光天化日下看清峭壁，虽然能从远处看见山的纵深和山谷以及阴影部分。所以就月亮来说，我们不可能精确地看清她的映象和被照亮的样子，虽然阴影部分与明亮部分的并置由于明暗对比明显，而为我们所见，这也是一点都不奇怪的。"

二十三

"不过，"我〔接着〕说，"似乎有一个对所谓月亮反射的更有力

---

① 〔译按〕希腊北部马其顿的一座半岛山。

② 这句诗出自索福克勒斯的一部未知悲剧。关于阿索斯（Athos）投射在莱姆诺斯岛上的阴影，参看 Pliny, *Nat. Hist.*, iv. 12（23）. 73; Apollonius Rhodius, 1. 601 – 604; Proclus, *In Timaeum*, 56b（i, 页 181. 12 以下〔Diehl〕）。

③ Proclus（在上述引文中）说，这是从阿索斯到莱姆诺斯岛的距离。普鲁塔克更准确地说，这是这座山所投射的阴影的长度。据尤斯塔修斯的说法（*Ad Iladem*, 980. 45 以下），阿索斯距莱姆诺斯岛三百赛跑场长，据普林尼（在上述引文中）说，有 87 罗马里长（如果不是将 XXXXVII 抄错的话）。实际距离据说约有 50 英里。阿索斯山高 6350 英尺，可以在海上投射 100 英里的影子。

④ 〔译按〕指阿索斯山。

⑤ 此处，普鲁塔克要么弄错了，要么是有意诡辩；参看 *Class. Phil.* xlvi, 1951, 页 145。

的反对理由：那些正好在被反射光线路径上的人，不仅能看见被照亮的物体，而且还可以看见照亮它的东西。例如，当一束光线从水上反射到墙上，眼睛所处的位置本身被反射光照亮，那么，眼睛就可以看得清全部三种东西，即反射光线、造成反射的水和太阳本身，①即撞击水面后被反射的光的来源。基于这些公认的明显事实，那些坚持认为月亮以反射光照亮地球的人，被〈他们的对手〉②要求指出夜晚的月亮中应该有太阳的外形，就像白天的水中有太阳的倒影。既然没有这样的外形，〈这些对手〉就认为光照是以其他方式发生，而并非通过反射，如果没有反射，那月亮也就不是土地。""那又得如何回应他们呢？"阿波罗尼德斯说，"因为反射的特征似乎向我们提出了一个共同的问题。"③

"在某种意义上的确是共同的问题，"我说，"但在另一种意义上则不是。首先得考虑影像问题，④他们认为是颠倒的，就像'河水向上流'。⑤ 事实上，水在地上的低处，而月亮在高处，在地球上方；因此，反射光线所形成的角是彼此相反的。一个顶点在高处的月亮上，另一个顶点则在低处的地球上。⑥ 所以，他们一定不会要求任何一种镜子，或者在任何距离上的镜子，都产生相似的反射，因为〈这

---

① 即太阳在水中或反射面中的映象。

② 这里的对手即廊下派。可参看克利沃默德的观点（ii. 4. 101 – 102〔页 184. 4 以下，Ziegler〕），他就反对将月光解释为反射光。

③ 阿波罗尼德斯是一个几何学家（参看上文 920f 和 925a – b）。他表示了对克里阿卡斯的月亮反射理论的赞赏（参看上文 921b）；此处，借助短语 καὶ πρὸς ἡμᾶς〔针对我们〕，他表达的意思是，正好针对月亮反射的反对意见，对于他所支持的理论，以及他刚刚攻击的拉姆普里亚斯和卢修斯的理论，构成了困难。不过，拉姆普里亚斯在其回应中主张，根据他的理论，月亮的物理特征——这些特征正是阿波罗尼德斯刚刚反对的（见 935d – e）——可以解释为什么该反对意见并不能对其理论造成真正的困难，而会对克里阿卡斯的理论造成困难。

④ 即反射映象，并非如阿米欧（Amyot）和普里卡德（Prickard）所解释的是"比喻的说法"。

⑤ 关于这个谚语，参看 Hesychius, s. v. ἄνω ποταμῶν〔河水向上流〕; Euripides, Medea, 410; Lucian, Dialogi Mortuorum, 6. 2。

⑥ 如开普勒在此处的注 64 所言，"ratio nihil ad rem"。

样的话〉,他们就违背了明显的事实。另一方面,对于那些断言月亮不是一种稀薄的或光滑如水的物体,而是一个土质重物的人,①我不理解他们为什么必须承认太阳的形象可以清楚地显现在月亮中。牛奶也不会传回这种镜像或者产生视光线的映像,原因在于其粒子的不规则和粗糙。② 那么,月亮到底如何可能像更光滑的镜子那样将视光线从自身投射出去? 如果刮痕、污泥或粗糙的东西盖住了视光线自然反射的地方,那即使是这些更光滑的镜子无疑也会被遮蔽住。镜子本身虽然可见,但它们不会传回惯常的映像。③ 那种要求月亮也将我们的视线从她自身反射到太阳,否则月亮就不会把太阳光从她自身反射到我们这里的人是幼稚的,因为这是在要求眼睛成为太阳,视线成为光,而人类成为天穹。太阳光由于其强度和亮度,它到达月亮是一种撞击,那么,其反射可以抵达我们这里就是合理的;但是,视光线既然是微弱稀薄的,比太阳光微弱得多,那么,如果它的冲击不能造成反弹,或者反弹不能维持其连续性,而是被分散和消耗掉,没有足够的光使其不至于在〈月亮的〉不规则处和褶皱处被驱散,这又有什么奇怪呢?

"诚然,从水,以及从其他类型的镜面,〈视光线的〉映象反弹到太阳是可能的,这是因为它接近其始源点,所以仍然强劲。④ 但是,即使视光线在某些情况下确实掠过月亮,但由于距离的遥远,⑤视光线也是微弱暗淡的,而且过早被耗尽。再者,虽然凹面镜使光线在

---

① 即那些认为月亮具有拉姆普里亚斯自己所认为的性质的人。
② 参看 Plutarch, *Quaest. Conviv.*, 696a; 而且,注意此处用于描述牛奶的短语 ἀνωμαλία καὶ τραχύτης〔不规则和粗糙〕,在上文 930d 和下文 937a 中用于描述月亮。
③ 关于该现象,参看〔Ptolemy〕, *De Speculis*, vi = Hreo Alexandrinus, *Opera*, ii. 1, 页 330.4-22(Nix-Schmidt)。关于 τυφλόω,意指阻隔、阻止、遮蔽,参看 Plutarch, *De Defectu Oraculorum*, 434c, *Quaest. Conviv.*, 721b, *De Esu Carnium*, 995f。
④ 普鲁塔克不得不解释为什么水和镜中可以看到太阳的映象,而在月亮中看不到。他的解释是强调前者接近"始源点"。这个"始源点"只能是我们的眼睛,这样,他必定认为视光线从水和镜反射到"太阳",而无法从月亮反射到太阳。
⑤ 即从眼睛到月亮反射面的距离。

反射之后比反射之前更加集中,甚至经常发出火光,①但凸面和球形的镜子,②由于没有在所有点上对光线施加反压力,因而〈释放出来的光线〉就微弱无力。你看,每当出现两条彩虹的时候——就像一朵云围住另一朵云——我相信外围彩虹的颜色更加微弱和暗淡。原因在于外围的云离眼睛较远,因而它所发送回来的映像就不清晰。③

"除此之外,我们还需要进一步的争辩么? 当太阳光从月亮被反射后失去了全部热量,④而且其微弱的残余光辉几乎不能到达我们这里的时候,是否真的还可能有残余的一点视光线穿越同样的曲折路径,⑤从月亮抵达太阳呢? 在我看来,这是不可能的;你也要仔细想想这一点。如果水和月亮对视光线发生作用的方式是一样的,那么满月应像其他镜子一样显现出大地、植物、人类以及群星的映象;但是,由于光线的微弱或月亮表面的粗糙,月亮上没有产生视光线对这些物体的反射映像,那么让我们也不要求在月亮中出现太阳的映像。"

二十四

"这样,就我们来说,"我〔接着〕说,"我们已经凭记忆尽可能多地汇报了那次谈话的内容;⑥现在正是该请出苏拉的时候了,或者更

---

① 关于凹面聚光镜,参看〔Euclid〕,*Catoptrica*,命题 30 (Euclid, *Opera Omnia*, vii,页 340 – 342〔Heiberg〕)。

② 并非如 Raingeard 所言是两种镜,而是一种镜。"凸镜就是凸面球镜",因为(1)按前述分类,凹面的球镜就是聚光镜;(2)非球形的凸面镜不能与月亮构成此处所需要的明显类比。

③ 关于双重彩虹以及外虹较模糊的原因,参看 Aristotle, *Meteorology*, 375a30 – b15。此处普鲁塔克采用了亚里士多德的解释,这一解释遭到开普勒的攻击,见开普勒对本段的长注(注70)。

④ 见上文第 16 节倒数第 3 个注。

⑤ 月亮被看作 καμπτήρ〔运动场上的转弯处〕。太阳光从太阳走到月亮再到眼睛,视光线必须沿同样路径的相反方向旅行。

⑥ 见上文 921f、929b、929f。

恰当地说,该把他的发言作为我们一致同意允许他当一个听众的条件了。所以,如果大家都同意这一点,那我们不散步了,坐在椅子上,这样我们就可以做他的固定听众了。"

他们对此表示同意,当我们坐下后,忒翁说:"拉姆普里亚斯,你知道,虽然我和你们任何人一样都热切地想聆听接下来的内容,但在此之前,我想先听一听关于据说居住在月球上的人的事情,①不是关于是否真的有人住在上面,而是关于是否有可能居住在上面。如果不可能,那么关于月亮是土地的断言就是荒谬的,因为她要是既不能生长出果实,也不为人类提供某种起源、住所以及生活的手段,她的存在看来就没有价值和目的,而这些是我们的土地形成的目的,正如柏拉图所说:'〔地球是〕我们的养育者,昼夜的精准卫士和制造者。'②你们知道有很多关于这些事情的谈论,有开玩笑的,也有认真的。据说,月亮悬挂在那些住在她下方的人们头上,就像坦塔罗斯的石头,③而那些住在她上面的人们,像许多伊克西翁(Ixion)④一

---

① 在普鲁塔克,*De Placitis*,829a = Aëtius,ii. 30. 1 中,这个想法被归于毕达哥拉斯学派(按司托拜俄斯〔Stobaeus〕的说法,明确归于斐洛劳斯〔Philolaüs〕)。第欧根尼·拉尔修(ii. 8)则不恰当地归之于阿那克萨戈拉——如果是以残篇 B4(ii,页 34. 5 以下〔Diels - Kranz〕)为根据的话。西塞罗将其归于克塞诺芬尼(*Acad. Prior.*,ii. xxxix. 123)肯定是错的(尽管有 Lactantius,*Div. Inst.*,iii. 23. 12),但这更可能是由于和 Xenocrates 相混,而并非如通常所认为的,和阿那克萨戈拉相混(参看 J. S. Rei d*ad loc.*;Diels - Kranz,残篇 *Der Vorsok.*⁵,i,页 125. 40;Diels,*Dox. Graeci*,页 121,注 1)。"月亮人"成为"科学虚构"的人至少与赫拉克利亚的希罗多德(Herodorus of Heraclea)一样早(参看 Athenaeus,ii. 57 f)。

② Plato,*Timaeus*,40b - c。虽然该处没有出现ἀτρεκή〔精准的〕一词,但在下文 938e 和 Plutarch,*Plat. Quaest.*,1006e 中,普鲁塔克都用了这个词,这表明他是将该词作为引文的一部分。由于在普鲁塔克现存著作中没有其他提及τροφὸν ἡμετέραν〔我们的养育者〕之语的材料,我们无法确定此处的τροφὸν〔养育者〕是他自己的误引,还是抄写之误。

③ 参看上文 923c 卢修斯的讽刺说法。关于坦塔罗斯的石头,参看 Pindar,*Olympian*,i. 57 - 58 和 *Isthmian*,viii. 10 - 11;*Scholia in Olymp.*,i. 91a。该处的"解释"引用了这样的观点:威胁坦塔罗斯的石头是太阳,这是对坦塔罗斯的惩罚,因为已指出太阳是一块炽热之物(参看 Euripides 的 *Orestes* 的笺注,982 - 986)。

④ 关于转轮上的伊克西翁的神话,参看 Pindar,*Pythian*,ii. 21 - 48;关于伊克西翁神话被用于宇宙论论证,参看 Aristotle,*De Caelo*,284a 34 - 35。

样以极快的速度敏捷地跳跃着,〈他们是在一个圆圈中打转,因而不会掉下来〉。不过,她的移动形式并不是单一的;实际上,她在一些地方被人称为三路女神,①这是因为,她在黄道带上同时正对着黄经、黄纬以及深度上的不同黄道宫移动。对于这些形式的运动,数学家称第一种为'绕转',称第二种为'螺旋转',称第三种为——我不知何故——'不规则转',虽然他们知道,她根本没有定期重现的统一和固定的运动形式。② 因此,我们有理由感到惊奇的,不是速度导致一头狮子掉到伯罗奔半岛,③而是为何我们从未看见无数的'人头朝下地掉下来并命丧黄泉',④〔如果〕他们从月亮上坠落,那么是头下脚上。而且,如果月亮居民不可能产生或存在的话,那么提出他们如何待在月亮上的问题就是荒谬的。现在,埃及人和穴居人⑤都被干燥的气候烤得几乎像炭渣一样,对他们来说,太阳在至日

---

① 赫卡忒的一个绰号(参看 Athenaeus, vii. 325a)被用来称呼月亮,只是在赫卡忒被当作月亮女神之后的事,在这之后,人们才参照月球现象解释赫忒特的各种绰号。参看,例如 Cleomedes, ii. 5. 111(页 202. 5 - 10〔Ziegler〕)对 τριπρόσωπος 的讨论,以及 Cornutus, *Theologiae Graecae Compend.*, 34(页 72. 7 - 5〔Lang〕)对 τρίμορφος〔有三个形状的〕和 τριοδῖτις〔三岔路的〕的讨论。Theon 此处所说的词源在瓦罗(Varro)的 *De Lingua Latina*, vii. 16 中已经提出过。关于月亮被看作赫卡忒,参看下文第 27 节第 2 个注和第 29 节倒数第 6 个注。

② 关于这两句话的文脉、术语和意图,参看 *Class. Phil.* xlvi, 1951,页 146 - 147。

③ 参看 Epimenides,残篇 B2(i,页 32. 22 以下〔Diels - Kranz〕); Anaxagoras,残篇 A77(ii,页 24. 25 - 26 和 28 - 30〔Diels - Kranz〕)。阿那克萨戈拉提到这一故事有可能与他的关于埃哥斯坡塔米(Aegospotami)的流星石的学说有关。据说他"预测到"了它的坠落(*Lysander*, 12〔439d - f〕; Diogenes Laertius, ii. 10; Pliny, *Nat. Hist.*, ii. 58(59), 149 - 150)。开普勒(注 77)提到,狮子从空中落下的故事可能源于 λάων〔石头〕(λᾶας 的复数属格形式)和 λέων〔狮子〕的混淆,或者按普里卡德的说法,是 λᾶς〔石头〕和 λίς〔狮子〕的混淆。第欧根尼·拉尔修(viii. 72)引述了《蒂迈欧》,大意是,赫拉克利德斯·彭提乌斯(Heraclides Ponticus)谈到一个人从月亮上掉下,伊塞尔(Hirzel)之后的沃斯(Voss)将此事归于他的一篇对话,该对话可能对普鲁塔克有所影响(Voss, *De Heraclidis Pontici Vita et Scriptis*,页 61)。

④ Aeschylus, *Supplices*, 937;参看 Plutarch, *De Curiositate*, 517f,在该处,普鲁塔克也是用 βίων,而不是埃斯库罗斯所用的 βίου。

⑤ 如埃塞俄比亚人;参看 Herodotus, iv. 183. 4; Strabo, ii. 5. 36(c. 133)。

的某个时刻达到至高点,然后偏离。如果每个月满月之时,太阳都固定地垂直位于月亮人的上方,那他们真的有可能忍受一年十二个夏天么?

"由于〔月球〕大气的高温和稀薄,我们还无法想象在那儿能够形成风、云和雨,如果没有这些东西,植物既不能生长,也不能保持。即使在地球的高山上,也没有猛烈的逆向风暴,①而只有〈稀薄的〉空气滚动膨胀,②这是由于空气轻飘,不能收缩冷凝。如果还有别的方式,老天在上,那我们只能说,就像阿基琉斯吃不到东西的时候,雅典娜把某种甘露和神食③灌注给他,月亮,这位名副其实的雅典娜,④每天送上神食滋养她的人民,如古代的菲勒塞德斯(Pherecydes)所相信的,⑤这是诸神自己的食物。按照米加斯坦恩斯(Megasthenes)的说法,〈既不吃〉也不喝的无嘴人会将印度根(The Indian root)点着,造成阴燃,然后吸入营养物质。⑥ 那么即便是印度根,如何设想能够在月亮上生长,如果那儿没有雨露的滋润?"

二十五

忒翁发言结束时,我说:"〈说得好哇〉,你炫耀的发言实在是让

---

① 参看 Aristotle, *Meteorology*, 340b36 – 341a5, 347a29 – 35 和 Alexander, *In Meteor.*, 页 16.6 – 15,该处 10 – 11 行,确认并解释了普鲁塔克文本中的 ἐναντίους〔逆吹〕。

② 参看下文 939e 和 Plutarch, *Quaest. Conviv.*, 1005e。

③ 参看 *Iliad*, xix. 340 – 356。

④ 见上文 922a 及第 5 节第 4 个注。

⑤ = Pherecydes, 残篇 B13a(i, 页 51,55 – 59〔Diels – Kranz〕)。

⑥ Megasthenes, 残篇 34(残篇 *Hist. Graec.* ii, 页 425 – 427〔Müller〕);参看 Strabo, ii. 1. 9(c. 70)和 xv. 1. 57(c. 711); Pliny, *Nat. Hist.* vii. 2. 25。亚里士多德(*Parva Nat.*, 445a16 – 17)提到过某个毕达哥拉斯派人物的观念,即有些动物靠气味滋养;参看德谟克利特讲过的故事,残篇 A28 和 29(ii, 页 89. 23 以下〔Diels – Kranz〕),以及卢奇安关于透明石膏的说法(*Vera Hist.* i. 23),不过,那段话像是对希罗多德(i. 202. 2)的拙劣模仿。

我们眉舒目展啊。我们也因此受到鼓舞,冒昧地回应你的说法,既然我们不期待非常严格的细究。再说,事实上,那些在这种问题上信念坚定的信徒,与那些被他们严重惹恼,坚决不相信而且拒绝静下心来分析什么会发生、什么可能发生①的人之间,其实〈并没有〉什么区别。

"因此,举例而言,首先,即使月亮上无人居住,她的形成也并不必然是徒劳无目的的。因为我们知道,我们的这个地球也不是所有地方都是富饶和可居住的,而只有一小部分地区盛产动植物,也就是山顶,以及从海里升起的半岛,而其他的一些地方则荒芜贫瘠,冬天有风暴,夏天是干旱,还有大部分地区被淹没在海底。然而,由于你对逍遥学派的偏爱和仰慕,没有注意到克拉特斯的一句话:'海洋,人和神的广阔宝库,覆盖地球上的大部分地方。'②但是,这些地方的形成绝不是没有任何目的的。大海释放出柔和的发散物,当夏

---

① 严格地说,是潜在的和可能的;不过,普鲁塔克在此处所用的短语也许只是意指"可能的"一词所包含的各种含义,而没有对δυνατόν[有可能的]和ἐνδεχόμενον[可以的]两个词做严格区分。我们当然不能将托名普鲁塔克的作品 De Fato, 570e—571e 中所做的区分归于普鲁塔克。注意,在 Plutarch, De Stoicorum Repugnantiis, 1055d—f 中,他攻击了克吕西波的δυνατόν的学说。关于亚里士多德对δυνατόν和ἐνδεχόμενον的用法,参看 Ross, Aristotle's Metaphysics, ii, 页 245 ad 1046 b 26 和 Faust, Der Möglichkeitsgedanke, i, 页 175 以下;关于希腊化时期哲人的意见,参看 Faust, Der Möglichkeitsgedanke, i, 页 209 以下。

② 关于北极圈和热带的不可居住,参看 Plutarch, De Iside, 367d, Strabo, ii. 3. 1 (c. 96) 和 Cleomedes, i. 2. 12(22. 11—14[Ziegler]);关于这种理论与外海洋绝大部分在热带的观念的关系,参看 Cleomedes, i. 6. 33 (60. 21—24)。这不是波西多尼的观点 (Cleomedes,同上,和 i. 6. 31—32[页 58. 4—25]),而是克勒安忒斯的地理学,克拉特斯 (Crates) 试图将其强加给荷马 (参看 Geminus, xvi. 21 以下[页 172. 11 以下, Manitius]; Kroll, 见 R. E., xi. 1637 s. v. "Krates"; Susemihl, Geschichte der griech. Litteratur in der Alexandrinerzeit, ii, 页 5 以下)。由于普鲁塔克所引用的第一行诗出自 Homer, Iliad, xiv. 246,但第二行诗并没有在该处出现,第二行诗可能是克拉特斯所加的解释,用于支持他对荷马地理学的"阐释"。关于克拉特斯的文本转换以及他与阿里斯塔尔库斯之间的论战,参看 Susemihl, Geschichte der griech. Litteratur in der Alexandrinerzeit, i, 页 457 和 ii, 页 7, 注 33; Kroll, 上述引文, 1640; Christ—Schmid—Stählin', ii. 1, 页 270; Mette, Sphairopoiia., 页 60 以下。

天的炎热达到顶峰时,无人居住的和冰冻的地区通过逐渐融化的雪释放并发散出最令人愉悦的风。① 按照柏拉图的说法,'昼夜的精准卫士和制造者'驻扎在中央。② 因此,尽管缺乏生命体,但没有东西阻止月亮为分散在其周围的光提供反射,并使众星的光线在她自身中交会和混合,借此,她吸收了地球的发散物,同时减弱了太阳的酷热。③ 此外,如果认可一个可能也是古老传统的说法,我们应该说,她被当作阿尔特弥斯的理由在于,她是一个处女,虽然不能生育但对其他女性有助益。④

"第二,亲爱的忒翁,没有人证明所谓的月亮人不可能存在。至于她的旋转,由于非常柔和平静,就使空气流畅并且平稳分布,这样,站在月亮上的人就不会有掉落或滑倒的危险了。如果这种旋转运动并不简单,那么它的复杂性和变化性也不是无规则或混乱的;⑤天文学家已经证实,这种旋转有着令人惊奇的秩序和连贯性,这种秩序和连贯性使她绕着展开其他圆周的圆周旋转。有的天文学家认为她本身是不动的,有的则认为她永远以恒定的速度平稳而规则地后退,⑥由于这些重叠圆周的旋转,不仅彼此之间有关联而且与我们也有关联,这些因素

---

① 参看 Theophrastus, *De Ventis*, ii, §11 和 Aristotle, *Meteorology*, 364a5 – 13。
② 拉姆普里亚斯改写了他自己对 *Timaeus*, 40b – c 的引文,并以此答复忒翁,参看上文 937e 和第 24 节第 3 个注。
③ 参看上文 928e。
④ 关于月亮与阿尔特弥斯等同,参看上文 922a 和第 5 节第 3 个注;关于主管分娩的处女神,参看 Plato, *Theaetetus*, 149b 和 Cornutus, 34(页 73. 18 以下〔Lang〕)。
⑤ 这里涉及上文 937f。关于在该文脉中 άπλῆ〔简单的〕一词的用法,参看 Cleomedes, i. 4. 19(页 34. 20〔Ziegler〕)和 Theon of Smyrna,页 150. 21 – 23(Hiller)。
⑥ 前一种假设的一个例子是亚里士多德的理论,他认为每个行星都固定在一个圆球中,在反向运动的诸圆球内部旋转,这些圆球抵消了较高等行星的特殊运动(参看 Aristotle, *Metaphysics*, 1073b38 – 1074a14 和 *De Caelo*, 289b30 – 290a7);后一种假设的一个例子是柏拉图关于行星自由运动的理论,(参看 Plato, *Timaeus*, 40c – d, *Laws*, 822a – c; Cornford, *Plato's Cosmology*,前揭,页 79 – 93)。士麦那的忒翁(页 175. 1 – 4〔Hiller〕)注意到这两种天文学模式之间的差异"在现象考虑上"并没有实质意义。关于整段话,参看 Theon of Smyrna,页 200. 13 以下(Hiller)中的欧德摩斯(Eudemus)。

十分协调地结合在一起,从而使月亮的运动在地平纬度上产生明显变化,也使她在黄经上旋转的同时在黄纬上发生偏离。①

"你也不必担心太阳的高热和持续燃烧。首先天体之合抵消了十二个夏季满月,②再设想连续的变化在极端状况下——这不会维持很久——产生一种适当的回火,将多余的热量移除。在这些极端状况中间,他们可能有一个十分接近春天的季节。其次,太阳通过有压力的混浊空气把热量发送给我们,这热量由发散物保持,而稀薄和半透明的空气会驱散没有引火物来维持的阳光。③

"在我们这里,树和田地出产的果实受雨水的滋润;但在别的地方,比如在你的老家,④底比斯(Thebes)和西恩纳(Syene)附近,土地喝的不是雨水而是从地下冒出的水,而且享受着微风吹拂和露水滋养,⑤我想这样的土地不会靠大量降水而丰产,⑥这是由于它的某种

---

① Norlind(*Eranos*, xxv[1927],页275-277)认为从此处所用术语和上文937f,可见普鲁塔克考虑到了本轮理论。希帕尔库斯提出了这一有关月亮的理论,托勒密(*Syntaxis*, iv[i,页265以下以及尤其是页301.16-302,11(Heiberg)])对该理论进行了描述。术语的证据并不足以使该论点令人信服(参看 *Class. Phil.* xlvi,1951,页146-147)。

② 参看上文938a:"每年的十二个夏天"。

③ 关于空气的"压力"和ὑπέκκαυμα[引火物],参看 Aristotle, *Meteorology*, 341b6-25 和 Alexander, *Meteor.*,页20.11以下。Praechter, *Hierokles der Stoiker*,页109,提到塞涅卡的 *Nat. Quaest.* (iv b10),以支持他的论点,即《论月面》这一节的材料源于廊下派。

④ 拉姆普里亚斯主要在跟武翁说话,但墨涅劳斯也来自埃及,虽然我们只知道亚历山大是他的常住地。

⑤ 泰奥弗拉斯托斯在 *Hist. Plant.* (viii.6.6)中说,在埃及、巴比伦和巴克特里亚这些缺雨水的地方,是露水滋润庄稼(亦参看 *Hist. Plant.*, iv.3.7)。普鲁塔克在此处的观点,即埃及的田地所吸收的水是γηγενές[来自土地],可能受了柏拉图在 *Timaeus*, 22e2-4 中的说法的启发。关于尼罗河的洪水是由地里冒出的水导致的理论,参看 Oenopides, 残篇11(i,页394.39以下[Diels-Kranz];参看 Seneca, *Nat. Quaest.*, iv a2.26)以及塞涅卡所提到的没有说明作者的观点, *Nat. Quaest.* vi.8.3。Praechter, *Hierokles der Stoiker*,页110,认为普鲁塔克此处考虑了波西多尼的理论——奥代尔(Oder)重建了该理论(*Philologus*, Suppl. vii[1898],页299以下和312-313)。

⑥ 参看 Plutarch, *Quomodo Quis Sent. Prof. Virt.*, 79a; *De Cohibenda Ira*, 461a; *De Sollertia Animalium*, 960e; *Timoleón*, 15 (242e); Wyttenbach, *Animadversiones in Plutarchi Opera Moralia*, Leipzig, 1820, i, 页461。

优点和气质。同样种类的植物,在我们这里如果受到冬季寒冷气候的严重伤害,仍可以结出好果实,而在利比亚和你老家埃及,就对寒冷非常敏感,害怕冬天。① 虽然靠近海洋的格德罗西亚(Gedrosia)和埃塞俄比亚,由于干旱而土地贫瘠,寸草不生,但周围的大海深处却茂盛地生长着大量的植物,这些植物有的叫橄榄树,有的叫月桂,还有一些被称为伊希斯的卷发;②这里有一种叫'爱的修复者'的植物,如果把它们从地里拔出并垂挂起来,不仅能如你所愿地存活,而且还会发芽③⟨……⟩。有些植物在接近冬季时播种,有些则在盛夏播种,如芝麻和黍栗。④ 百里香或矢车菊,如果播种在肥沃的土壤中,加以灌溉浸润,就会使其偏离本性并丧失活力。它们是喜旱的,干旱能使它们长到正常高度。⑤ 有些植物,如他们所说,甚至经不起露水,如阿拉伯地区的大多数植物,潮湿的环境会摧残它们,使它们枯萎。⑥ 因此,月亮上根、种、树的生长不需要雨水,更不需要雪,它们自然地适应类似夏天时的稀薄空气,这有什么可奇怪的呢?而且,月亮使风变暖,微风始终与月亮旋转造成的起伏鼓胀相伴,通过发散露水和光,植物的湿气充足,月亮本身的气质不是火热干燥的,而是柔软湿润的,这些怎么不可能呢?毕竟,她并没有给我们带来干燥的影响,而是带来许多潮湿和女性气质的东西:⑦植

---

① 泰奥弗拉斯托斯经常提到,同一种类的植物,由于土壤、气候和耕作的性质变化而变化(例如 *Hist. Plant.*, vi. 6. 3 – 5 – 8)。

② 关于这些生长在海里的植物,参看 Theophrastus, *Hist. Plant.*, iv. 7. 1 以下; Strabo, xvi. 3. 6 (c. 766) 中的伊拉托斯提尼斯(Eratosthenes);Pliny, *Nat. Hist.*, xiii. 25. 50 – 52 (140 – 142);在 *Quaest. Nat.*, 911f 中,普鲁塔克提到据说生长在 "红海" 中的植物,但在该处,普鲁塔克指出,它们是靠河流养育的,河流带来泥土,因而这些植物只生长在靠近岸边的地方。

③ 参看 Pliny, *Nat. Hist.*, xxiv. 17. 102 (167)。

④ 参看 Theophrastus, *Hist. Plant.*, viii. 1. 1 和 4; 2. 6; 3. 2。

⑤ 参看 Theophrastus, *De Causis Plant.*, iii. 1. 3 – 6。

⑥ 关于露水损伤某些植物,也许可以参看 Theophrastus, *De Causis Plant.*, vi. 18. 10;但他认为沙漠植物是由于缺少雨水,所以由露水滋润(*Hist. Plant.*, iv. 3. 7 和 viii. 6. 6)。

⑦ 参看 [Plutarch], *De Vita et Poesi Homeri*, B, 202 (vii, 页 450. 14 – 20 [Bernardakis]);Aristotle, *Hist. Animal.* 582a34 – b3。

物的生长,肉类的腐烂,酒的变酸和走味,木材的软化,妇女的轻松分娩。①

"既然这会儿法尔纳克斯没说话,我担心会再次惹起他,如果我用他自己学派的词语引证海洋涨潮,以及当海水由于月亮的液化作用而上升并泛滥时海峡涨水的情况。② 因此我还是找你吧,亲爱的忒翁,因为你讲解了阿尔克曼(Alcman)的这些话:'〈宙斯〉和〈神圣的〉塞勒涅的女儿,〈像这样〉受露水滋养。'③你告诉我们,他在这里把空气叫作'宙斯',并且说,它被月亮液化,变成露珠。④ 我的朋友,如果月亮本身不仅将太阳使之浓缩和干燥的所有东西自然地软化和分解,而且甚至使太阳投射并弥漫在她上面的热气液化并冷却,那么月亮的本性可能真的与太阳相反。因此,相信月亮是一个炽热物体的人搞错了;而那些要求月亮上的生物在生殖、营养和生活上所具有的能力都与这里的生物完全一样的人,看来是无视自然的多样性。在自然中,我们会发现,在生物之间比在生物与非生物的物体之间有更多更大的区别。⑤ 就算不〈存在〉〈米加斯坦恩斯〉

---

① 关于月亮的液化作用和这段话的整体意思,参看 Plutarch, *Quaest. Conviv.* , iii. 10 (657f 以下); *De Iside*, 367d; Cicero, *De Nat. Deorum*, ii. 19. 50(连同 Mayor 在该处的注释); Pliny, *Nat. Hist.* , ii. 101(223)。关于植物的生长,亦参看 Plutarch, *De Iside*, 353f 和 Athenaeus, iii. 74c。关于木材的软化,参看 Theophrastus, *Hist. Plant.* , v. 1. 3;关于轻松分娩,参看 S. V. F. , ii, 残篇 748。进一步的文献,参看 Boll, *Sternglaube und Sterndeutung*, 1926, 页 122 – 125。

② = S. V. F. , ii, 残篇 679。参看 Cicero, *De Divinatione*, ii. 34(连同 Pease 在该处的注释)和 *De Nat. Deorum*, ii. 7. 19; Seneca, *De Provid.* , i. 4; Cleomedes, ii. 1. 86(页 156. 15 – 16〔Ziegler〕)和 ii. 3. 98(页 178. 4 – 5); Strabo, iii. 5. 8. (cc. 173 – 174)和 i. 3. 11(cc. 54 – 55)。在 Plutarch, *De Placitis*, 897b – c(= Aëtius, iii. 17. 3 和 9)中,月亮影响潮汐的理论被归于 Pytheas 和 Seleucus。

③ Alcman, 残篇 43(Diehl) = 48(Bergk[4])。在 Plutarch, *Quaest. Conviv.* , 659b 和 *Quaest. Nat.* , 918a 中,普鲁塔克都引用了这行诗,作为对露水的由来的一种解释。参看 Macrobius, *Sat.* , vii. 16. 31 – 32。

④ 参看 Vergil, *Georgics*, iii. 337; Roscher, *Selene and Verwandtes*, 页 50, 注 200。

⑤ 参看 Aristotle, *Hist. Animal.* , 588b4 以下和 *De Part. Animal.* , 681a12 – 15。

所说的靠露水滋养的无嘴人,①他本人还试着向我们解释不饿草(the Hungerbane)的优点。当赫西俄德说'也〔不知道〕以草芙蓉和常春花为生有什么幸福'②时,他暗指的就是不饿草。③ 而且伊壁孟尼德(Epimenides)事实上明说了出来,他指出,大自然只用极少的一点食物就能使这种生物存活,当长到一颗橄榄大小时,它就不需要更多的营养了。④ 月亮上的人,如果确实存在的话,似乎可以相信,他们身材瘦小,而且能够从他们所碰到的任何东西那里获取滋养。⑤ 毕竟,他们说月亮本身是靠地球上的湿气滋养的,就像太阳——它是一团比地球大很多倍的生机勃勃的火——一样,其他星体也是如此,虽然它们数不胜数。因此,他们认为,在上方区域栖居的生物只需要很少量的必需品。⑥

"不过,我们对这些生物一无所知,也不了解适合它们的不同地区、性质和温度。这就好比如果我们不能接近或触摸到大海,只能从远处观察它,获得一些信息,即它是苦咸味的、无法罐装的水,如果有人说,在大海的深处供养了大量各种形状的动物,充满了利用水就能达到我们利用空气所能实现的目的的动物,那么他的观点,

---

① 见上文938c和第24节最后一个注。关于这里的文本和这句话的含义,参看 Class. Phil. xlvi,1951,页 147-148。

② Hesiod,*Works and Days*,41。

③ 关于 ἡ ἄλιμος〔不饿草〕,参看 Plutarch, *Sept. Sap.* , 157d-f;〔Plutarch〕, *Comment. in Hesiod.* , §3(vii,页 51.14 以下〔Bernardakis〕);Pliny, *Nat. Hist.* , xxii.22(73);Porphyry, *Vita Pythag.* , §34 和 *De Abstinentia*, iv. 20(页 266.5 以下〔Nauck〕);Plato, *Laws*, 677e(虽然该处没有出现 ἄλιμος 一词)。

④ 参看 Epimenides,残篇 A5(i,页30-31〔Diels-Kranz〕),该处应应当加上这段话的相关内容。

⑤ 参看 Aristotle,*De Gen. Animal.* ,761b21-23 关于月亮上可能存在某种我们所不知道的生命体的意见,以及〔Philoponus〕, *De Gen. Animal.* ,页160.16-20 对这些不吃不喝的生物的描述。

⑥ = *S. V. F.* , ii,残篇 677。参看 Plutarch, *De Stoicorum Repugnantiis*, 1053a(= *S. V. F.* ,ii,残篇 579);Aëtius, ii.17.4;Strabo, i.1.9(c.6);Cleomedes, i.6.33(页60.21-24〔Ziegler〕)。普鲁塔克在此处当然是用廊下派的学说反对廊下派。

对我们而言,就会像是神话或奇迹。而当我们不相信月亮上有人居住时,我们与月亮的关系以及我们对月亮的态度,就与这种情况明显相似。我想那些月亮人眺望宇宙的沉积物和残渣①时,会对地球更加感到好奇,它就像一个在湿气、薄雾和云中隐约可见的不发光的、在低处而且静止不动的斑点,他们会惊奇于它生成并滋养了能够运动、呼吸且身体温暖的动物。如果他们碰巧在某个地方听到荷马的这些话:'那可怕、死气沉沉、连诸神都憎恶的去处'②和'它在地狱下的距离之远,有如天在大地之上的距离',③他们会说,这些话只是对这个地方的一种描述,地狱和坦塔罗斯属于这里,而只有月亮是大地,因为它和那些上方区域的距离与这些下方区域的距离是一样的。"

二十六

我快要讲完的时候,苏拉插话进来说:"等等,拉姆普里亚斯,等一下再说,④免得你无意中把神话搁浅了,浪费了我的剧本。我的剧本有一个不同的背景和安排。呃,我只不过是剧中的一个演员,但是,如果没人反对的话,我首先要说,剧本的作者为了我们着想,是用荷马的话来开场的:⑤'有一座遥远的海岛,名叫奥吉吉

---

① 芝诺称土为 ἰλύς〔残渣〕和 ὑποστάθμη〔沉积物〕(S. V. F., i, 残篇 104 和 105);不过,既然这一节的结尾看来是受了 Phaedo, 109b–d 的启发,那么柏拉图在该处(109c2)对 ὑποστάθμη 一词的使用可能使普鲁塔克想到此处所用的短语。
② Iliad, xx. 65。
③ Iliad, viii. 16。
④ 参看 Plutarch, De Sollertia Animalium, 965b。
⑤ 关于这一句的文脉,参看 Class. Phil. xlvi, 1951, 页 148–149。

亚。'①如果从不列颠向西航行,要五天航程;另外有三座岛屿与它的距离相等,它们彼此之间的距离也相等,大致在夏天日落的方向。根据当地人的传言,克洛诺斯被宙斯囚禁在其中一个岛屿上,古时的〈布里亚柔斯(Briareus)〉②看守和保卫着那些岛屿和那片海域——他们称之为克洛诺斯海,他就住在克洛诺斯近旁。③ 环绕着大洋的大陆④与其他几座岛屿的距离虽然不那么远,但与奥吉吉亚岛的距离大约有五千赛跑场长,要靠橹桨航行,这是由于多条河流在此汇集,海水浑浊,因而穿越这片海域很缓慢。⑤ 大陆排放出河水,造成淤积,从而提高了海水的浓度和泥土含量,有人竟然认为大海是被冻结了。⑥

"在主大陆的海岸上,希腊人沿着一个海湾居住,这海湾并不比

---

① *Odyssey*,vii. 244. 关于该神话的地理学介绍,见前言§5,尤其参看 Hamilton,*The Myth in Plutarch's De Facie*〔940f – 945d〕,见 *Class. Quart.* xxviii,1934,页 15 – 26(〔译按〕:应为页 24 – 30,见本书),汉密尔顿(Hamilton)指出普鲁塔克的地理安排与柏拉图在 *Timaeus*,24e – 25a 中所说的大西岛的位置的相似性。

② 〔译按〕即百手巨人。

③ 参看 Plutarch,*De Defectu Oraculorum*,420a。关于文脉,参看 *Class. Phil.* xlvi,1951,页 149。关于被宙斯安排来看守克洛诺斯和提坦诸神的布里亚柔斯,参看 Hesiod,*Theogony*,729 – 735 和 Apollodorus,i. 7 (= i. 2. 1)。赫拉克勒斯的柱子据说有一个更古老的名字 Βριάρεω στῆλαι〔布里亚柔斯之柱〕(参看 Aelian,*Var. Hist.*,v. 3 = Aristotle,残篇 678),该名字在 Κρόνου στῆλαι〔赫拉克勒斯之柱〕之先(参看 Charax,残篇 16 = *Frag. Hist. Graec.* ii,页 320)和 Parthenius,残篇 21(Diehl) = 残篇 31(Martin)。

④ 参看 Plato,*Timaeus*,24e5 – 25a5。

⑤ 普鲁塔克实际上要表示路途遥远——不只是要花很多时间——因为大海是难以横越的!

⑥ 参看 Strabo,i. 4. 2 (c. 63) 和 Pliny,*Nat. Hist.*,iv. 16 (104);参看 Tacitus,*Agricola*,§10 和 *Germania*,§45。普鲁塔克否认大海真的如传闻所言被凝结了,他对其性质的解释与柏拉图类似(Plato,*Timaeus*,25d3 – 6,*Critias*,108e6 – 109a2);但是,由于没有提出"在海底的大西岛的沉积物"作为泥泞浅滩的成因,他就借助来自大陆上河流的淤积物来说明问题,而这个为人熟知的观念有许多来源(参看 Plutarch,*De Exilio*,602d,连同 Thucydides,ii. 102. 6;Aristotle,*Meteorology*,351b28 – 32;Herodotus,ii. 10;Strabo,i. 2. 29 – 30〔36 – 37〕)。关于"被冻结的大海",进一步参看 K. Müllenhoff,*Deutsche Altertumskunde*,i(1890),页 410 – 425;E. Janssens,*Hist. ancienne de la mer du Nord*²,1946,页 20 – 22;J. O. Thomson,*Hist. of Ancient Geography*,页 148 – 149,241 和 54 – 55(关于 Avienus,*Ora Maritima*,117 – 129)。

迈俄提斯(the Maeotis)小，①其开口与里海的开口差不多大。② 这些人认为自己是大陆人，也这么称呼自己，而称该地区的居住者为〈岛民〉，因为大海在其四周涌流；而且，他们认为，稍晚时候跟随赫拉克勒斯到达这里并被他留下的人们，与克洛诺斯的属民混居在一起。这些后来人可以说以强烈高涨的热情重新点燃了希腊的火花，这火花原本已被野蛮人的语言、礼法和习俗所熄灭和征服。因此，赫拉克勒斯拥有最高荣誉，克洛诺斯其次。

"现在，每隔三十年，当克洛诺斯之星——我们称为'辉煌星(Splendent)'，③但作者说，他们称为'夜间看守者'——进入金牛宫④时，已经为献祭和〈远行〉准备多时的人们，就通过抓阄，派出〈足够多的使者〉，搭乘相应数量的船只。船上有大量扈从和必要的补给，他们要靠桨橹横越大海，在异乡的土地上生活很长时间。我们可以预料，出海后，这些航海者遭遇各种不同的命运；那些幸存下来的人首先在一些住着希腊人的边远岛屿入港，⑤他们看到太阳

---

① 即亚速海，希罗多德过分夸大了它的面积(iv. 86)。斯特拉波将其周长降为九千赛跑场长(ii. 5. 23 [c. 125])。

② 从亚历山大的时代起，里海就被认为是外海洋的一个海湾，直到托勒密纠正了这个错误(Plutarch, *Alexander*, 第44章; Strabo, xi. 6. 1 [c. 507])，虽然希罗多德(i. 202 - 203)和亚里士多德(*Meteorology*, 354a3 - 4)知道它并不与其他海域相连。

③ Φαίνων作为土星的名字，出现在 Plutarch, *De An. Proc. in Timaeo*, 1029B (acc.: Φαίνωνα); Aëtius, ii. 15. 4; [Aristotle], *De Mundo*, 392a23; 参看 Cicero, *De Nat. Deorum*, ii. 20. 52。

④ 金牛宫是月亮耀升的宫。(参看 Ptolemy, *Tetrabiblos*, i. 20 [页44. 2, Boll - Boer]; Porphyry, *De Antro Nymph.*, 18)，而且，正是出于这个缘故，远航在土星进入金牛宫时开始。关于"三十年"，参看 Aëtius, ii. 32. 1 (*Dox. Graeci*, 页 363); Cleomedes, i. 3. 16 - 17 (页 30. 18 - 21 [Ziegler]); Cicero, *De Nat. Deorum*, ii. 20. 52。

⑤ 这些岛屿位于奥吉吉亚岛的西面或西北面，参看上文 941a。之前没有说它们上面住着希腊人；事实上，941b 似乎暗示希腊人只生活在主大陆上。

三十天内只在视线中消失不到一个小时,①——这〔不到一个小时的时间〕是晚上,虽然有一丝微光从西边闪现。在那里,他们被看作圣洁的人——也是这么被称呼的——受到尊崇和亲切款待。他们在那里待上九十天后,就乘风驶向原先确定的目的地。②

"除了在他们之前被派到那里的人之外,没有别人住在那儿。因为,虽然那些已经在一起侍奉神明达到三十年期限的人,被允许返回家乡,但他们中大多数人通常选择定居于此,有的是由于习惯,有的则是因为他们既能经常举行献祭、庆典或者进行各种讨论和哲学研究,同时又能不费辛劳地获取数量充足的各种用品,因为这个岛的自然条件堪称绝妙,四周环绕着柔和的空气。有些人在打算离开时,甚至受到神灵的劝阻,神灵向他们现身,就像熟人和朋友,不仅在梦中或通过预兆显示,而且很多时候明白地显现出精灵的形象和声音。

"至于克洛诺斯自己,他被囚禁在一个很深的岩洞中,沉睡不起。这睡眠是宙斯设计的,相当于捆绑他的绳索。岩洞的岩石像金子一样闪耀,鸟儿从岩洞顶端飞入,将神食带给他,整座岛屿弥漫着从岩石中散发出的芳香,如同从泉水中发出一般。前面提到的那些精灵照料和服侍着克洛诺斯,在他还是统治诸神和人类的王时,他们就是他的伙伴。他们确实预言了关于他们自己的许多事情,因为他们是玄妙莫测的;但他们所传达和汇报的最多最重要的预言,都呈现在克洛诺斯的梦中,因为他在梦中看到了宙斯的所有预谋,

---

① 我试图保持普鲁塔克语言的含糊性,虽然他也许是想说"三十年中每天不到一小时"(开普勒是这么理解的,他认为这是指格陵兰岛)。关于在不列颠和在极北之地的夏季白天的长度,参看 Cleomedes, i. 7. 37 – 38(页 68. 6 – 70. 22〔Ziegler〕),以及 Geminus, vi. 9 – 21(页 70 – 76〔Manitius〕)中的皮西亚斯(Pytheas)和克拉特斯(Crates)。Pliny, *Nat. Hist.*, iv. 16(104)说,在极北之地的夏季至日,根本没有夜晚,即此时太阳在巨蟹宫;但他在此处补充说,有人——他此前(ii. 75〔186 – 187〕)认为是皮西亚斯——认为在极北之地,有六个月的持续白天。

② 参看 *Class. Phil.* xlvi,1951,页 149 和注 91。

① 他灵魂中提坦神的情感和灵魂动向使他心弦紧绷,〈直到〉睡眠再次使他〈恢复〉安宁,而且高贵神圣的元素本身是精爽不贰的。"②

他接着说:"那个陌生人③来到这里,在服侍这位神的闲暇之余,他通过练习几何在天文学方面取得了很大成就,而且研究了自然哲学家可能遇到的许多问题,从而熟悉了其他哲学。④ 他有一个与众不同的心愿,想去看看大海岛(The Great Island)(因为他们似乎是这么称呼我们这一部分世界的),因此,三十年过去后,当接替的人已经从家乡抵达,他就向他的朋友们致意,然后出航离开。他带的东西很少,但把大量干粮放在金口杯中。要全面详细地叙述他的全部经历,他拜访的所有人,看到的神圣著作,以及他被介绍加入的各种教派,就像他告诉我们的那样,不是一天时间可以完成的;但请你们就听听跟当前讨论话题有关的内容吧。

---

① 关于克洛诺斯的睡眠是其镣铐,关于服侍他的精灵,参看 Plutarch, *De Defectu Oraculorum*, 420a。关于睡觉的克洛诺斯,亦参看 Kern, *Orphicorum Fragmenta*, 残篇 149 和 155。不过,在这些"俄耳甫斯的(Orphic)"或新柏拉图主义的段落中,克洛诺斯预言未来,为宙斯提供计划,或者在宙斯意识到之前思考世界秩序(参看 Damascius, *Dub. et Sol.*, 305v – 306r〔ii,页 136. 19 – 137. 8, Ruelle〕和 Proclus, *In Cratylum*, 页 53. 29 以下〔Pasquali〕),它与普鲁塔克的用词所暗示的相反。由于 Tertullian, *De Anima*, 46. 10 (f. 156),华斯津克(J. H. Waszink)(Tertullian, *De Anima*, 页 496)认为这个故事的最终来源一定是亚里士多德的一篇散佚的对话。Pohlenz(见 R. E., xi. 2013. s. v. "克洛诺斯")假定普鲁塔克的思想来源是波希多尼,而波希多尼则是受了北欧故事的启发!

为克洛诺斯衔带神食的鸟的特写,似乎改编自宙斯的甘露的故事。参看 Plutarch, *Sept. Sap.*, 156f 和 *Odyssey*, xii. 63 – 65。

此外,华斯津克(Tertullian, *De Anima*, 页 496)在 *Vigiliae Christianae*, i, 1947, 页 137 – 149(尤其是页 145 – 149)和 *Mélanges Henri Grégoire*, ii, 1950, 页 639 – 653(尤其是页 651 – 653)中看到同一作者的文章。他错误地相信,在普鲁塔克的故事中,"专门的精灵(将出现在克洛诺斯的梦境中的想法)传达给宙斯,宙斯利用它们统治世界",他因而忽视了普鲁塔克的版本与在本注释中我已经指出的"俄耳甫斯的"段落之间的重要区别。

② 参看 *Class. Phil.* xlvi, 1951, 页 149 – 150。

③ 如果在对话散佚的开头部分没有提到的话,这是第一次提到"陌生人"。迄今为止,他只是通过间接的对话和上文 941a 中的 τὸν ποιητήν〔该作者〕被暗示了,参看第 26 节第 2 个注。

④ 这句话的原文是高度精简的。

"他在迦太基待了很久,这是因为〈克洛诺斯〉在我们国家受到很大的〈尊崇〉,①而且他发现了一些神圣的羊皮纸手稿,这些手稿在早期城市毁灭后被秘密地带到了安全之地,并且被埋在地下很长时间,无人知晓。② 他说,在可见的诸神之中,③人们应该格外崇敬月亮,并因而一直力劝我崇敬月亮,因为她统辖着生〈和死〉,〈与[冥王]哈得斯的草地相〉毗邻。

二十七

"我对此表示惊讶,要求他说得更清楚些。他说:④'苏拉,在希腊人中流行着许多关于诸神的说法,但并不都是对的。举个例子,他们虽然给出了德墨忒尔(Demeter)和科拉(Cora)的正确名字,但却错误地以为她们待在同一个地方。事实是,前者在地球上,统辖陆地上的事情,而后者在月亮上,是月亮上的女统治者。她既叫科拉,也叫珀耳塞福涅(Phersephonê)。⑤ 被称作珀耳塞福涅是因为她

---

① 关于克洛诺斯在迦太基的特殊地位,参看 Plutarch, *De Superstitione*, 171c, *De Sera Numinis Vindicta*, 552a; Diodorus, v. 66. 5。
② 接下来的解说中没有任何内容支持被多次提出的观点,即该神话是在这些羊皮纸手稿中发现的,而且,下文 945d 显然否定了任何此类假设。
③ 参看 Plato, *Timaeus*, 40d 和 41a, *Epinomis*, 985d。
④ 此处,苏拉开始直接引用陌生人的话,并一直到神话结尾 945d。
⑤ 关于珀耳塞福涅(Phersephonê)与月亮的同一性,参看 Epicharmus, 残篇 B54(i,页 207. 9 – 11〔Diels – Kranz〕= Ennius in Varro, *De Lingua Latina*, v. 68); Porphyry, *De Antro Nymph.*, 18; John Lautentius Lydus 编的 Iamblichus, *De Mensibus*, iv, 149; Martianus Capella, ii. 161 – 162。普鲁塔克在 *De Iside*, 372d 中提到伊希斯与月亮的同一性,在 361e 中提到伊希斯与 Persephassa 的同一性(参看上文 922a 注 c 关于雅典娜的内容)。据说,毕达哥拉斯派称行星为"珀耳塞福涅(Phersephonê)的猎犬"(Porphyry, *Vita Pythag.*, 41 = Aristotle, 残篇 196; Clement, *Stromat.*, v. 50〔676p, 244s〕;普鲁塔克在 *De Defectu Oraculorum*, 416e 中提到有人称月亮为 χθονίας ὁμοῦ καὶ οὐρανίας κλῆρον Ἑκάτης(参看 Plutarch, *De Iside*, 368e)。进一步参看 Roscher, *über Selene und Verwandtes*, 页 119 以下。

是光的搬运者;①被称作科拉则是因为我们称眼睛的一部分为科拉,当我们在月亮中看见阳光时,在眼睛的这一部分中映出观看月亮的人的肖像。②

"'关于这些女神的漫游和历险的故事(暗中)包含了真相,③因为当她们分开的时候,她们彼此渴望对方,而且经常在阴影中拥抱。关于科拉时而在天光之中时而在暗夜之中的说法没有错,但造成了时间计算的错误,不是六个月从头至尾,而是每六个月,我们看见她被地球遮蔽于阴影之中,就像在她母亲的怀中。我们偶尔还会每隔五个月看见她的这种现象,④这是由于她与冥府相邻,所以无法离弃冥府。荷马也用隐晦的语言很得体地说出了这一点:"但是送往埃琉西昂平原,大地的边缘。"⑤他把这地球阴影的尽头规定为地球的

---

① 关于 $\Phi\varepsilon\varrho\sigma\varepsilon\varphi\acute{o}\nu\eta$ 的古代词源,参看 Bräuninger,见 *R. E.* xix. 1. 946 – 947 和 Roscher,*Lexicon*,ii. 1288。这种说法在古代似乎找不到类似的例子,*De Iside*,377d 没有提到它,在该处,他指出这一词源是克勒安忒斯提出来的。在 *Orphic Hymn* (xxix. 9 = *Orphica*, rec. E. Abel, 页 74. 9) 中, 珀耳塞福涅的绰号 $\varphi\alpha\varepsilon\sigma\varphi\acute{o}\varrho o\varsigma$ 被用来称呼该女神, 但不是通过词源学的方式(参看第 16 行), 她也没有被特意等同于月亮。

② 参看 [Plato], *Alcibiades*, I, 133a。"$\kappa\acute{o}\varrho\eta$"一词表示"女孩"、"少女", 关于它为何被用来称呼雅典娜和珀耳塞福涅(Phersephonê)这类女神, 以及"娃娃(doll)", 类似拉丁文的"pupilla", 该词表示眼睛的瞳孔(pupil), 参看英文"眼中宝贝(the baby in the eye)"。

③ 即德墨忒尔漫游寻找被哈得斯诱拐的珀耳塞福涅。例如,可以参看 *Homeric Hymn II*,献给德墨忒尔和 Apollodorus,*Bibliotheca*, i. 5。不过,在神话中,德墨忒尔是漫游者;但此处她被认为代表地球,而地球是静止的。在神话中,当珀耳塞福涅脱离她的母亲并离开哈得斯时,她是在黑暗中的。然而,普鲁塔克的阐释要求当珀耳塞福涅(即月亮)在她母亲(即地球)的怀抱中时,她在暗夜中。

④ 参看上文 933e 和 Plutarch, *De Genio Socratis*, 591c。

⑤ *Odyssey*, iv. 563, 略有出入。

边界。① 那里没有邪恶或不洁之人,只有好人在死后被送到那里,过一种肯定是十分舒适的生活,②虽然在第二次死之前,他们并不是有福或神圣的。③

二十八

"'那这是怎么回事呢,苏拉? 先别忙问,我正要亲自给出一个完满的解释。大多数人正确地认为人是混合体,但错误地认为只由两个部分构成。原因在于,他们以为心智是灵魂的某一部分,因此,

---

① 参看 Stobaeus, *Eclogae*, i. 49(i,页 448. 5 – 16〔Wachsmuch〕) = 残篇 146β(vii,页 176〔Bernardakis〕)。在该处,*Odyssey*, iv. 563 – 564 被用来说明月亮地区是正义灵魂死后的所在地(参看 Eustathius, *Ad Odysseam*, 1509. 18)。在那里, Ηλύσιον πεδίον 据说表示被太阳照亮的月亮表面(参看下文 944c),而 πείρατα γαίης 表示经常触及月亮的地球阴影的终点。但该处没有提到哈得斯、珀耳塞福涅或德墨忒尔。在当前段落中,普鲁塔克没有说为什么他对荷马诗句的阐释,证明称月亮为 τοῦ Ἄιδον πέρας〔冥土的末端〕是正确的,但神话的其余部分确定哈得斯位于地球与月亮之间(参看下文 943c)。这与 *De Genio Socratis* 的神话相一致,在该处(591a – c),这一区域是"珀耳塞福涅的那一部分",而且地球的阴影是"冥河"和"通往哈得斯之路"。在 590f 中,哈得斯与地球明显是同一的(参看 Heinze, *Xenokrates*, 135; R. M. Jones, *The Platonism of Plutarch*, Chicago Dissertation, Wisconsin, 1916,页 57 和注 147)。那么,在此处,普鲁塔克可能是认为,如果荷马的话可以表示他将地球的边界设于月亮,那么他就是将月亮理解为哈得斯的边界。在 *De Genio Socratis*, 591b 中,月亮显然被当作"珀耳塞福涅的那一部分"(即哈得斯),与从月亮延伸到太阳的区域之间的分界。不过,在下文 944c 中,埃琉忒翁的平原被说成是月亮面向天空的那一部分,即远离地球的部分。虽然这不与当前段明显相反,但它似乎仍然会使人想到被吕多斯(John Laurentius Lydus)(*De Mensibus*, iv. 149〔页 167. 24 以下〕)归于扬布里柯(Iamblichus)的一个主张。

② 参看 *Odyssey*, iv. 565。

③ 在 Plutarch, *Quaest. Rom.*, 282a 中,普鲁塔克引用了卡斯托尔(Castor)的观点(参看 266e),即灵魂死后住在月亮上,关于这一点,大体上参看 P. Cpelle, *De luna stellis lacteo orbe animarum sedibus*(Halis Saxonum, 1917),页 1 – 18 并注意 Iamblichus, *Vita Pythag.*, vi. 30, 页 18. 82; Augustine, *De Civ. Dei* 中的 瓦罗(Varro), vii. 6 (i,页 282. 14 – 17〔Dombart〕); *S. V. F.*, ii,残篇 814。

他们犯的错误并不比那些以为灵魂是身体一部分的人更小,因为灵魂比身体优越和神圣多少,心智就比灵魂优越和神圣多少。灵魂〈与身体混合的〉结果〈是非理性或情感性要素,而心智与灵魂的〉结合产生理性;前者是苦和乐之源,后者是善恶之源。① 在这三要素的合成体中,地球〈为人类〉提供身体,月亮提供灵魂,而太阳则为人类的生成(generation)②提供心智,正如他也为月亮本身提供光辉。

" '至于我们的死,一种死亡使人的三个要素减少为两个,而另一种死亡使两个要素减少为一个;③前者发生在属于德墨忒尔的〈地球〉,(〈因此,"结束"〉被称为"把〈某人的生命〉呈送给她",而且古时的雅典人习惯称死者为"德墨忒利安[Demetrians]"),④〈后者〉发生在属于珀耳塞福涅的月亮上,与前者相联系的是地上的赫尔墨斯,与后者相联系的是天上的赫尔墨斯。⑤ 这儿的女神⑥迅速而粗暴地使灵魂脱离身体,而珀耳塞福涅则柔和而缓慢地使心智脱

---

① 参看 Plutarch,*De Virtute Morali*,441d – 442a,*De Genio Socratis*,591d – e。普鲁塔克关于心智、灵魂和身体之间关系的观念最终的来源是 Plato,*Timaeus*,30b,41 – 42,90a;*Laws*,961d – e;*Phaedrus*,247c 之类的段落(参看 Thévenaz,L' Ame du monde … chez Plutarque,页70 – 73)。普鲁塔克本人将灵魂与身体的二分归于 οἱ πολλοί[大多数人],因此不可能将之与任何哲学派别相联系;那些把灵魂当作 μόριον τοῦ σώματος[身体的一部分]的人,他可能指廊下派(参看 Plutarch,*De Defectu Oraculorum*,1052f 以下,*De Communibus Notitiis*,1083c 以下),但同样也可能指伊壁鸠鲁派或一般性地指唯物主义者。对比 Adler 的观点(*Diss. phil. Vind.* x,1910,页171 – 172),即第一个被反驳的观念是柏拉图式的,第二个是廊下派的,因此,普鲁塔克说法的来源必定是波塞多尼,参看 Pohlenz,*Berliner Philologische Wochenschrift*,xxxii,1912,页653 和 R. M. Jones,*The Platonism of Plutarch*,前揭,页55。
② 参看 Plutarch,*De Genio Socratis*,591b。在该处,运动和生成是与太阳中的心智相联系的,生成与毁灭则与月亮中的自然(Nature)相联系。
③ 关于"凡人的灵魂"或灵魂的"凡人部分",参看 *Timaeus*,42d,61c,69c – d。
④ 参看 *Class. Phil.* xlvi(1951),页151。
⑤ 参看 Plutarch,*De Iside*,367d – e。早在 *Homeric Hymn II*,377 以下中,赫尔墨斯就出现在珀耳塞福涅的神话中,而且在西奥旁普斯(Theopompus)的残篇中与赫卡忒相关,见 Porphyry,*De Abstinentia*,ii.16。亦参看 Plutarch,*Quaest. Graec.*,296f 和 Halliday 在该处的注释。
⑥ 即在地球上的德墨忒尔,这是普鲁塔克用 αὕτη[这儿的]指涉她的原因,虽然她是被提到的两者中的前者。

离灵魂,因而被称为"独生的(single-born)",因为人的这一最好的部分〈被〉她分开时是"单独生出的(born single)"。①

"'这两种分离都自然地以这种方式出现:当所有灵魂,无论是否有心智,②一从身体流出③就注定要在地球与月亮之间的区域〈中〉漫游,但漫游的时间不一样。不正义和放荡的灵魂为他们的罪过而遭受恶报;但好的灵魂必须在天空最温和的部分——他们称为'哈得斯的草地'④——度过一段规定的足够长的时间,以便净化

---

① μονογενής[单独生出的],似乎是赫卡忒和珀耳塞福涅的一个绰号(参看 Hesiod, *Theogony*,426;*Orphic Hymn*,xxix. 1 - 2[Abel];Apollonius Rhodius,iii. 847),它表示"独一无二的";参看 Plato,*Timaeus*,31b 和 92c。普鲁塔克在 *De Defectu Oraculorum*,423a 和 423c 中提到它,在该处,普鲁塔克解释该词的意思是"单独出生"。不过,在此处,他可能是在一种动态意义上理解最后语素,类似于德墨忒尔、月亮和地球的一个绰号:Καλλιγένεια[生育美丽女儿的母亲]。

② 这可能只是如 Plutarch,*De Genio Socratis*,591d - e 所说,表示"无论灵魂是服从生命中的理性,还是不服从,只是ὅλη κατέδυ εἰς σῶμα[藏在身体里面]"。但在下文 945b 中,普鲁塔克谈到ἄνευ νοῦ[脱离心智的]灵魂取得身体,并且在地球上生活,而且此处通过ἄνουν[分离]一词,他可能想要指涉此类灵魂与其身体的分离。他不可能如 Raingeard 所假设的是意指其心智立即转到太阳的灵魂,因为他刚刚说到,心智从灵魂中的脱离发生于在月亮上的第二次死亡,而且,不论是在此处,还是在下文 944f 中,他都没有承认在 *Hermetic Tractate*,x. 16 中提出的学说意义上的任何例外。按 *Hermetic Tractate*(x. 16),当灵魂从身体分离出来的那一刻,νοῦς[心智]从ψυχή[灵魂]中分离出来(参看 Scott,*Hermetica*,ii,页 265)。在 *De Genio Socratis*,591d - 592d 中,普鲁塔克没有像在此处这样将νοῦς和ψυχή真正当作两种不同的物质,而是将ψυχή看作νοῦς的衰退状态。

③ 参看 Plutarch,*De Sera Numinis Vindicta*,563e。

④ 关于哈得斯的位置,参看 Plutarch,*De Iside*,382e 和 *De Latenter Vivendo* 中的词源学,1130a(参看 Plato,*Gorgias*493b 和 *Phaedo*,80d)。关于哈得斯与黑暗空气的同一性,参看[Plutarch],*De Vita et Poesi Homeri*,§97,以及 Philodemus,*De Pietate*,c. 13(*Dox. Graeci*,页547b);Cornutus,c. 5 和 c. 35,Heraclitus,*Quaestiones Homeri*,§41。关于地下世界的一片草地(λειμών)或一些草地的说法是普遍的,参看 *Odyssey*,xi. 539,573 和 xxiv. 13 - 14;Kern,*Orphicorum Fragmenta*,32f 6 和 222;Plato,*Gorgias*,524a,*Republic*,614e 和 616b。新柏拉图主义者认为,这些柏拉图文本中提到的λειμών[草地]位于月亮下面的大气之中;Proclus,*In Rem Publicam*,ii,页 132. 20 - 133. 15(Kroll);Olympiodorus,*In Gorgiam*,页 237. 10 - 13(Norvin);Hermias,*In Phaedrum*,页 161. 3 - 9(Couvreur)。

并吹走染自身体(如同染自有害气体)的污染。① 〈然后〉,就像是流放海外的人回到家乡,他们享受恰似新成员(initiates)的那种喜悦,这种感受伴随着愉快的期待,也夹杂着惶惑和兴奋。② 许多灵魂在快要攀上月亮的时候,月亮掠过并推开他们;他们看见在月亮上的一些灵魂也是头脚颠倒,好像要再次坠入深渊。③ 不过,那些站起来并首先找到稳当立足点的灵魂,像戴着稳固羽冠的胜利者一样四处走动,④因为他们在一生中,使灵魂的非理性因素或情感因素,有序而妥当地接受理性的驾驭;⑤其次,他们看起来像一道光,但就他们的秉性而言(这秉性在上界是活跃的,就像在我们这里一样)则类似月亮周围的以太,⑥他们从这种秉性中同时获得了紧张和活力,如

---

① 参看 Porphyry, *De Antro Nymph.*, § §11 – 12(页 64.24 – 25[Nauck]);Proclus, *In Timaeum*, iii,页 331.6 – 9[Diehl]。关于与身体相关的灵魂的污染的一般说法,见 Plato, *Phaedrus*, 81b – c。参看普鲁塔克在不同文脉(*De Tuenda Sanitate*, 129c)中的说法。

② 关于地球上的生活如同灵魂背井离乡,参看 Plutarch, *De Exilio*, 607c – e;关于与新成员的对比以及沿此风格的下面几行,参看残篇 VI(vii,页 23.4 – 17[Bernardakis])。

③ 参看 Plutarch, *De Genio Socratis*, 591c 和 Plato, *Phaedrus*, 248a – b。

④ 关于生活如同运动竞赛,而灵魂作为运动员,参看 Plutarch, *De Sera Numinis Vindicta*, 561a 和 *De Genio Socratis*, 593d – e, 593f – 594a。此观念是柏拉图式的(参看 *Republic*, 621c – d, *Phaedrus*, 256b);而像库蒙之后的苏里(Soury)(*La Démonologie de Plutarque*, 页 189,注 1)那样引证东方的观念:战斗如生活,胜利不朽,是不切题的。Soury 认为 πτερῶν εὐσταθείας[羽毛花冠]是一个"神秘措辞"(Soury, *La Démonologie de Plutarque*, 页 189 和 191 – 192)。εὐσταθείας[花冠]并非一定要有 πτερῶν[羽毛],反之亦然;而且,普鲁塔克只不过将在 *Phaedrus* 中多处出现的"灵魂羽毛"编则赋予好人灵魂的桂冠——为了他们的稳固——正如 *Phaedrus*, 256b 中的胜利的灵魂ὑπόπτεροι[长了翅膀],因为他们在一生中, ἐγκρατεῖς αὑτῶν καὶ κόσμιοι[自我节制且守秩序]。

⑤ 参看 Plutarch, *De Genio Socratis*, 592a 和 Plato, *Phaedrus*, 247b。

⑥ 该词(αἰθήρ)在柏拉图那里只是指最高和最纯净的空气(参看 Plato, *Timaeus*, 58d, *Phaedo*, 109b, 111b);但该词在此处的使用可能受了廊下派的影响,见上文第 15 节最后 1 个注和第 5 节第 8 个注,并参看[Plato], *Axiochus*, 366a。本节末尾的这几句话明确显示了廊下派的若干显著特征,尤其是"张力(tension)"概念,灵魂以发散的气体为食,以及对赫拉克勒斯引文的运用。习惯上一直将这段话与 Cicero, *Tusc. Disp.*, i.19, 43 和 Sextus Empiricus, *Adv. Math.*, ix.71 – 73 相对比(参看 Heinze, *Xenokrates*, 页 126 – 128; K. Reinhardt, *Kosmos und Sympathie*, Munich, 1926,页 308 – 313 和页 323;R. M. Jones, "Posidonius and Solar Eschatology",见 *Class. Phil.* xxvii, 1932,页 113 以下)。

同刃具得到回火处理,①松弛性和涣散性减少了,变得结实、透亮。于是,他们得到发散到他们那里的各种气体的滋养。赫拉克利特的话是对的:"在哈得斯,灵魂使用嗅觉。"②

二十九

"'首先,他们看到月亮的本质:③她的巨大、美丽以及她的性质——她不是简单而纯粹的,而可以说是星与土的混合物。就像地球与微风和湿气混合后变得柔和,像血液与肌肉混合后在肌肉中引发了感官感知。④ 所以,他们说,⑤由于弥漫着以太,月亮既有生命力,又是肥沃的,而且轻重的比例平衡。事实上,他们说,正是以这一方式,宇宙本身也完全避免了局部运动,因为它是由那些自然地向上和向下移动的东西构成的。⑥ 这也是克塞诺克拉底的设想,他以柏拉图为起点,似乎⑦以一种超出常人的推理得出这一结论。柏拉图宣称,所有天体都同样由土和火借助〈两种〉中间类型按比例

---

① 关于廊下派的τόνος〔张力〕学说,参看 Plutarch, *De Stoicorum Repugnantiis*,1054a‐b,Plutarch,*De Communibus Notitiis*,1085c‐d,以及 *S. V. F.*,ii,残篇 447 和 448。"回火"的隐喻在廊下派关于灵魂的论述中也很常用,参看 *S. V. F.*,ii,残篇 804‐806。

② 残篇 98(i,页 173.3〔Diels‐Kranz〕)。关于出窍的灵魂的食物,参看第 28 节倒数第 3 个注中所引西塞罗和塞克斯都的段落。此处将拉姆普里亚斯在上文 940c‐d 中的观点并入神话,因此,该神话似乎支持这个观点。

③ 此处受柏拉图"真实的大地"(αὐτὴ ἡ γῆ〔大地本身〕)的影响,见 *Phaedo*,109b7,110b6(参看上文 935a 和下文 944b)。

④ 参看 Aristotle,*De Part. Animal.*,656b19‐21 和 25‐26,666a16‐17;Plato,*Timaeus*,77e 关于血管与τὸ τῶν αἰσθήσεων πάθος〔感觉〕的关系。

⑤ 并非如 Raingeard 所言,是将故事告诉这个陌生人的"精灵",而是下一句中提到的该理论的发明人;参看 *Class. Phil.* xlvi,1951,页 151‐152。

⑥ 参看 *S. V. F.*,ii,残篇 555 和 *Class. Phil.* xlvi,1951,页 157,注 105。

⑦ 这个希腊人并未如阿德勒所设想的那样,暗示普鲁塔克对克塞诺克拉底所言有所怀疑(参看 R. M. Jones,*The Platonism of Plutarch*,前揭,页 55)。

构成,因为,如其所言,任何有感知的事物都包含土和光的混合;①但是克塞诺克拉底说,众星和太阳由火和第一密度构成,月亮由第二密度和适合她的空气构成,地球由水〔和空气〕以及第三种类型的密度构成,而且一般来说,稠密性或稀薄性都不利于接纳灵魂。② 关于月亮的物质就说这么多。

" '至于她的幅员或大小,不是几何学家说的那样,而是要大好多倍。她以自身的很小一部分与地球阴影相交,不是因为地球阴影很小,而是因为她更热切地加快运动,以便快速通过阴暗地带,将好人的〈灵魂〉带走。这些灵魂大声呼喊着催促她,因为他们在阴影中听不到天上的和谐之音。③ 同时,伴随着悲叹〈和〉哭喊,受惩罚的灵魂也通过阴影从下面靠近。这就是为什么大多数民族都有在月食时敲打黄铜器和发出喧闹嘈杂声音以抵制灵魂的习俗,④当这些灵魂靠近所谓月面的时候,也被吓跑了,因为它的样子狰狞恐怖。⑤

" '不过,它不并是这样狰狞恐怖的东西;就像我们的地球有深

---

① Plato, *Timaeus*, 40a 和 31b – 32c;参看〔Plato〕,*Epinomis*, 981d – e;Plutarch, *De Fortuna Romanorum*, 316e – f。*Timaeus*, 31b 严格要求 γῆς…καὶ πυρός〔土……和火〕;但据 *Timaeus*, 45b 和 58c, φῶς 是产生可见性的火的一种。

② 参看 Xenocrates, 残篇 56;关于文本和含义,参看 *Class. Phil.* xlvi(1951),页 152。

③ 普鲁塔克在此处提出了一个对上文 923a – b 和 932b 的天文学计算的"神话修正"(关于这一"修正"的文本和不合逻辑的推论,参看 *Class. Phil.* xlvi(1951),页 152 – 153),而且也提出了对上文 933b 中谈到的加速行为的神话解释。关于月食对于出窍灵魂的作用的这一说明,参看 Plutarch, *De Genio Socratis*, 591c;关于天上的和谐,参看 Plutarch, *De Genio Socratis*, 590c – d, *De Musica*, 1147, Plato, *Republic*, 617b, Aristotle, *De Caelo*, 290b12 – 291a28。

④ 参看 Plutarch, *Aemilius Paulus*, 17(264b);Pliny, *Nat. Hist.*, ii. 12.9(54);Tacitus, *Annals*, i. 28;Juvenal, vi. 442 – 443。此处使该习俗的目的与该神话相符;在 Plutarch, *De Genio Socratis*, 591c 中,月亮本身闪闪发光并发出怒吼以吓跑不洁净的灵魂。

⑤ 参看 Clement, *Stromat.*, v.49 中的 Epigenes(= Kern, *Orphicorum Fragmenta*, 残篇 33)。参看月面是女巫的脸的观念(*De Pythiae Oraculis*, 398c – d;*De Sera Numinis Vindicta*, 566d)。

长而宽广的沟壑,①有一个沟壑,就经过赫拉克勒斯之柱②以及里海和红海海湾的外侧,向我们这儿延伸而来,③月亮上的深渊和山谷也是这些形状。其中最大的一个被称作④"赫卡忒之坑",⑤在那里,灵魂们经受并要求惩罚,为在他们已经变成精灵后所忍受或牵扯的所有事情;⑥有两个很长的深谷被称为⟨'大门'⟩,⑦因为灵魂们穿过它们,时而到达月亮朝天上的一面,时而回到朝向地球的一面。⑧朝向天上的一面被命名为"埃琉忒翁平原",⑨朝向这里的一面则被命名为"地球对面的珀耳塞福涅之宫"。⑩

---

① 参看 Plato, *Phaedo*, 109b。
② 〔译按〕应该是指直布罗陀海峡。
③ 关于里海,见上文第 26 节第 10 个注。普鲁塔克说的"红海"表示我们称为印度洋连同波斯湾和红海的海域;在 *Quaest. Conviv.*, 733b 中,他引用了阿加塔尔西达斯(Agatharchidas)的话,此人写过一部关于"红海"的内容广泛的作品(参看 Photius, *Bibliotheca*, cod. 250〔页 441 以下, Bekker〕)。
④ 参看 *Class. Phil.* xlvi(1951),页 151 关于 943e 的内容。
⑤ 关于赫卡忒与月亮,见上文第 24 节第 6 个注和第 27 节第 2 个注;参看 Sophocles,残篇 492(Nauck²)和 Kern, *Orphicorum Fragmenta*,残篇 204。关于赫卡忒与洞的关系,参看 *Homeric Hymn II*, 24 – 25 和 Roscher, *über Selene und Verwandtes*,页 46 – 48。普鲁塔克自己将 μυχός〔港湾〕与"在哈得斯里的惩罚"联系起来(Plutarch, *De Superstitione*, 167a)。
⑥ 这里被认为与第 28 节中的表述不一致。在第 28 节中,只有纯粹的或净化了的灵魂可以到达月亮。然而,即使是到达月亮的纯粹灵魂也仍然具有受情感影响的灵魂以及心智;而且在第 27 节 942f 中,普鲁塔克说,他们在月亮上所过的生活 οὐ μακάριον οὐδὲ ϑεῖον〔并不幸福或神圣〕。
⑦ 参看 *Class. Phil.* xlvi, 1951, 页 153。
⑧ 他们转到向外的一侧,是在去"第二次死亡"的路上(下文 944e 以下),而到这边的一侧,是在去重新投胎的路上(下文 945c)。在 Plutarch, *Amatorius*, 766b 中,灵魂们重新投胎的地方被称为 οἱ Σελήνης καὶ Ἀφροδίτης λειμῶνες〔月亮和阿芙洛狄忒的草地〕。
⑨ 见上文 942f 和第 27 节第 8 个注。
⑩ 普鲁塔克在 *De An. Proc. in Timaeo*(1028b)中在通常的毕达哥拉斯学派意义上使用 ἀντίχϑων〔反地面〕一词(参看 *De Placitis*, 891f, 895c, 895e = Aëtius, ii. 29. 4; iii. 9. 2; iii. 11. 2)。Simplicius(*De Caelo*, 页 512. 17 – 20)(参看 Asclepius, *Metaph.*, 页 35. 24 – 27; Scholia Aristotelem, 505 ∧ 1〔Brandis〕)将月亮与反地面的同一性归于某些毕达哥拉斯派学者(但是参看 Cherniss, *Aristotle's criticism of Ploto and the Academy*, i. 页 562)。

三十

"'不过,精灵们不会老是在月亮上逗留;他们降临到这儿来接管神庙,参加最高密仪,充当反对恶行的看守者和恶行的儆戒者,作为救助者出现在战争中和海上。① 他们在这些事情上的所作所为如有任何不公正,如受了愤怒的激发,或者是为了不正义的目的,或者是出于嫉妒,他们就会受到处罚,被再次驱逐到地球上,囚禁在人的身体之中。② 克洛诺斯的侍奉者们说,他们自己属于前一类较好的精灵,③如从前在克里特岛伊得山的达克堤利(Idaean Dactyls),④在弗里吉亚(Phrygia)的科律班忒斯(Corybants),⑤在尤多拉(Udora)⑥的忒拉芬尼阿得斯(Boeotian Trophoniads),以及成千上万在这个世界许多地方的其他精灵,他们的仪式、荣誉以及头衔等都

---

① 参看 Plutarch, *De Defectu Oraculorum*, 417a – b 和 *De Genio Socratis*, 591c; R. M. Jones, *The Platonism of Plutarch*, 前揭, 页 29、59 和 55 – 56。扬布里柯(*Vita Pythag.*, vi. 30, 页 18. 4〔Deubner〕)说,有人认为毕达哥拉斯是来自月亮的这种精灵。在上述句子的最后一个分句中,普鲁塔克提到狄奥斯库罗伊(Dioscuri),参看 Plutarch, Lysander, 14 (439c); *De Defectu Oraculorum*, 426c。

② 参看上文 926c; Plutarch, *De An. Proc. in Timaeo*, 1023c。关于精灵们的"品行不端",参看 Plutarch, *De Defectu Oraculorum*, 417b, 417e – f; *De Iside*, 361a 以下, 该文 361c 提到对这些精灵的惩罚(对观 *De Defectu Oraculorum*, 415c)。

③ 不是指那些因不端品行而被再次驱逐到地球上的精灵。克洛诺斯的侍奉者们是上文 942a 中的 δαίμονες。参看波菲利对善恶精灵的解释,见 *De Abstinentia*, ii. 38 – 39。

④ 参看 Plutarch, *Numa*, 15(70c – d);〔Plutarch〕, *De Fluviis*, xiii. 3(vii, 页 305. 4 – 12 〔Bernardakis〕); Strabo, x. 3. 22(c. 473); Pausanias, v. 7. 6 – 10; Diodorus, v. 64. 3 – 7。

⑤ 参看 Schwenn, 见 *R. E.*, xi. 2, 1922, 1441 – 1446 和 Lobeck, *Aglaophamos*, 页 1139 – 1155。

⑥ 这个地方似乎在别处都未提过;但是,由于普鲁塔克在此提及精灵们所离开的闲置的神庙,因此,该词与 Λεβαδεία 的互换不可能是正确的,因为在 *De Defectu Oraculorum*, 411e – f 中, Lebadeia 据说是在 Boeotia 唯一还在使用的神庙,在那里有许多其他神庙不活跃,或者甚至被废弃。

存留下来,但是,当他们最终完成改造,他们的能量就趋向另一个地方。一旦心智从灵魂中脱离出来,他们就完成了改造,只是有的快点有的慢点。① 对太阳中的影像的热爱使心智脱离出来,这影像清晰地显现出悦人的、纯洁的、神圣的、有福的东西,万物都千方百计地向往它。② 因此,必定是出于对太阳的热爱,月亮自己才环绕游走并与他交合,渴望从他那里〈得到〉多产的东西。③

"'灵魂的实体(substance)留在月亮上,而且似乎保留了某些痕迹和人生之梦;你必须将这一点恰如其分地当作以下说法的主题:'灵魂有如梦幻一般飘忽飞离',④因为灵魂不是立即达到这一状态的,也不是从身体中一释放出来就达到这一状态的,而是后来当它与心智分离,被遗弃而单独存在时,才达到这一状态的。除此之外,荷马说,关于哈得斯中的灵魂的话似乎是受了神启感发:"我又认出力大无穷的赫拉克勒斯——他的魂影;他正在不死的神明们中间……"⑤事实上,我们每个人的本质(self),都不是愤怒或恐惧或欲求,正如它不是一些肉或液体,而是我们以之进行思考和理解

---

① 参看上文 943b。

② 普鲁塔克主要受到柏拉图 *Republic*,507 – 509 的启发。这是普鲁塔克重复或引用多次的一段话(例如 Plutarch,*De Iside*,372a;*De E*,393d;*De Defectu Oraculorum*,413c 和 433d – e;*Ad Principem Inerud.*,780f;*Plat. Quaest.*,1006f – 1007a);他多次提及这段话,说明此处的"太阳中的影像"意指太阳所显明的善的可见相似物,而并非如开普勒所言,指在月亮中——如同在镜子中——可见的太阳映象。这句话最后一部分所说的一切天性力求向善的观念以及 ἐφετόν〔向往、渴望〕一词本身,源自亚里士多德(*Physics*,192a16 – 19 以及 *Physics*,A,9 *Metaphysics*Λ,7 的全部),参看 Plutarch,*De Iside*,372e – f,*Amatorius*,770b。

③ 这一受精作用的特殊性质在下文 945c 中有描述;在 *De E*,393d 中,太阳作为神的一个影像的观念与太阳的多产之力有关。关于性语言用于月亮和太阳,见上文第 16 节倒数第 6 个注。

④ *Odyssey*,xi. 222。

⑤ *Odyssey*,xi. 601 – 602。对这段话的类似解释常见于新毕达哥拉斯派和新柏拉图主义者;尤其参看〔Plutarch〕,*De Vita et Poesi Homeri*,第 123 章;Plotinus,*Enn.*,i. 1. 12;iv. 3. 27 和 32;vi. 4. 16;Proclus,*In Rem Publicam*,i,120. 22 以下和 172. 9 以下(Kroll);Cumont,*Rev. de Philologie*,xliv,1920,页 237 – 240,他主张这个学说本身出现在亚历山大,阿里斯塔尔库斯在那里了解了这一学说。

的东西；①灵魂与心智相互塑造，然后全方位地包围身体，以此获得对其形状的印象，这样，即使它与任何一方脱离很长时间，但由于保持了相似的外表和印记，它仍然被恰当地称为一个影像。② 前面已经说过，③月亮是这些灵魂的自然环境，因为他们被分解在其中，④如同尸体被分解在土中。这在温和的灵魂上很快发生，这些灵魂爱好有闲暇的、不爱多管闲事的和哲学的生活，由于被心智抛弃而且不再对任何事情投入激情，他们悄然枯萎。而那些野心勃勃、精力旺盛、暴躁的灵魂，以及那些迷恋身体的灵魂，他们消磨时光，⑤就好像在睡觉，梦见记忆中的往事，如恩底弥翁（Endymion）的灵魂；

---

① 参看 Plutarch, *De Sera Numinis Vindicta*, 564c 和 *Adv. Coloten*, 1119a。关于作为真实自我的 νοῦς〔心智〕，参看 Aristotle, *Eth. Nic.*, 1166a16 - 17 和 22 - 23, 1168b35, 1169a2, 1178a2 - 7。虽然，*Republic* 中的一些段落，如 430e - 431a, 588c - 589b, 611c - e, 可以用来表示柏拉图的 ψυχή 一词只意指理性灵魂（参看普罗提诺在 *Enn.* 最后一段的用法），但是柏拉图在谈论 ψυχή 时通常没有将其进一步限定为真正的自我（例如 *Laws*, 959A, *Phaedo*, 115c〔对观托名柏拉图的著作 *Alcibiades*, I, 130a - c 和 *Axiochus*, 365e〕）。还可参看 Cicero, *De Republica*, vi. 26 ("mens cuiusque est quisque") 和 Marcus Aurelius, ii. 2 以及 Farquharson 在该处的注释。

② 参看 Plutarch, *De Sera Numinis Vindicta*, 564a, 在那里, 灵魂被描述为 τύπον ἐχούσας ἀνθρωποειδῆ〔有像人一样的形象〕，以及〔Plutarch〕, *De Vita et Poesi Homeri*, 第 123 章; Stobaeus, i. xlix. 55 中的波菲利（= i, 页 429. 16 - 22〔Wachsmuth〕）。死后灵魂保持身体外形的观念很普遍（参看 Lucian, *Vera Hist.*, ii. 12），虽然在 Diogenes Laertius, viii. 31 中, 亚历山大·玻里希斯托（Alexander Polyhistor）说它是毕达哥拉斯派的学说（参看 Antisthenes, 残篇 33〔Mullach〕）。关于这段话的特殊之处，即身体通过灵魂的压印获得其形式，而灵魂本身则通过心智的塑造获得其形式，参看 Proclus, *In Rem Publicam*, ii, 327. 21 - 328. 15 (Kroll); Plotinus, iv. 3. 9. 20 - 23 和 10. 35 - 42; Macrobius, *Somn. Scip.*, i. xiv. 8; Sextus, *P. H.* i. 85。在 *Laws*, 959a - b 中, 柏拉图称身体为"伴随自我的表象"并使用了表示尸体的 εἴδωλα 一词。灵魂包围身体而不是身体包含灵魂的观念基本上源自 Plato, *Timaeus*, 34b。

③ 即上文 943a。

④ 后期新柏拉图主义有关于较低级灵魂分解的观点，见 Proclus, *In Timaeum*, iii. 234. 9 以下 (Diehl), 并参看 Plotinus, *Enn.*, iv. 7. 14。

⑤ 这里所用的词意思是"度过他们的时间"，而不是 *De Genio Socratis*, 591d 中所表示的"折腾"和"心烦意乱"。

①但是,当他们受到烦躁和冲动的刺激并被从月亮引向另一次投胎的时候,月亮阻止他们〈沉入地球〉,②不断将他们召唤回来,用魔力把他们捆绑住,因为如果他们以脱离理性的情感官能占据一个身体,这就不是安定和谐的事情,不可小视。像提提奥斯(Tityus)、③泰弗(Typho)④以及皮同(the Python)⑤这样的生灵,以傲慢和暴力盘踞德尔菲并且混淆神谕,就属于这一类灵魂。他们缺乏理性,屈从于情感,因为妄想而误入歧途;⑥但是即使是这些灵魂,月亮也及时将他们带回到她自身并使其变得有秩序。

"'当具有生命力量的太阳再次将心智之种播撒在她里面,她接受这心智之种,并生出新的灵魂,而在第三个地方的地球则提供身体。⑦ 事实上,地球没有付出任何东西,〈除了〉在〔人〕死后将月亮用来繁育的东西〈归还〉,太阳则没有获取任何东西,除了收回他所给出的心智,而月亮则凭借其不同的力量既获取又付出,既整合

---

① 似乎没有别的资料提到恩底弥翁的梦;但是,在此处,普鲁塔克可能受了恩底弥翁故事的影响,这个故事说恩底弥翁无止尽的睡眠是对他爱恋赫拉的惩罚(参看 Scholia in Apollonium Rhodium Vetera, iv. 57 – 58〔页 265, Wendel〕和 Scholia in Theocritum Vetera, iii. 49 – 51b〔页 133, Wendel〕)。

② 参看 Plutarch, De Sera Numinis Vindicta, 565d – e, 566a; Plato, Phaedo, 81b – e, 108a – b。

③ 参看 Odyssey, xi. 576 – 581; Pindar, Pythian, iv. 90; Eustathius, Comment. ad Odysseam, 1581. 54 以下。

④ 特别参看 Plutarch, De Iside, 第 27 和 30 节。

⑤ 在 Plutarch, Pelopidas, 16(286c)中,普鲁塔克同时指称 Πύϑων〔皮同〕和 Τιτυός〔泰提乌斯〕。参看 Strabo, ix. 3. 12(cc. 422 – 423)和 Apollodorus, Bibliotheca, i. 4. 1. 3 – 5(22 – 23)。

⑥ 关于 Τυφών-τῦφος〔堤丰 - 妄想〕的玩味,参看 Plato, Phaedrus, 230a,普鲁塔克在 Adv. Coloten, 1119b 中引用过柏拉图的话。亦参看 Marcus Aurelius, ii. 17。

⑦ 参看上文 943a 和 944e – f。参看 Plutarch, De E, 393d 和 Aqua an Ignis, 958e。关于 Reinhardt 对这段话的大体处理和他将之溯源到波希多尼的尝试(前揭 329 以下),参看 R. M. Jones, "Posidonius and Solar Eschatology",见 Class. Phil. xxvii, 1932, 118 – 120, 129 – 131, 134 – 135;注意 Plato, Timaeus, 41 – 42,在该处,据说造物主在地球、月亮和其他行星上播撒他亲自塑造的灵魂,也就是心智(the minds)(参看 41e, 42b),以及对 Timaeus Locrus 的阐释, 99d – e,按这一阐释,这意指灵魂被从不同的行星带到地球(亦参看 R. M. Jones, The Platonism of Plutarch, 页 49 – 51,尤其是 Proclus, In Timaeum, i, 页 147. 6 – 13 和 165. 16 – 23 中的波菲利)。

又拆解,进行整合的称为厄勒提亚(Ilithyia),进行拆解的称为阿尔忒弥斯(Artemis)。① 在命运三女神中,阿特洛波斯(Atropos)在太阳中被授予王位,她开始实施生成行为,在月亮上活动的克洛索(Clotho)负责混合和捆绑,最后在地球上的拉刻西斯(Lachesis)也着手这项任务,她有机会获得最大份额。② 由于无生命之物本身没有力量,而且易受外来因素的影响,心智则是无感情和独立自主的;但灵魂是混合的和中介性的东西,正如月亮被神创造为上下界事物的混合体,并因而处于太阳与地球的相对关系之中。'"苏拉说:"这就是那个陌生人告诉我的事情;他自己说,这些事情是从克洛诺斯的侍从和仆人那里听来的。拉姆普里亚斯,你和你的伙伴们,你们可以按自己的意愿理解这个故事。"③

---

① 参看 Plutarch, *Quaest. Conviv.*, 658f。不过,在此处,厄勒提亚和阿尔忒弥斯被认为是月亮两个相反功能的名称。在上文 938f 中,月亮与阿尔忒弥斯的同一性——因为她是"贫瘠的但对其他雌性有助益"——暗示阿尔忒弥斯就是厄勒提亚,如同她在柏拉图的 *Theaetetus*,149b 中一样(参看 Cornutus,页 73,7 – 18[Lang])。不过,阿尔忒弥斯与从容、无痛苦的死相关(参看 *Odyssey*, xi. 172 – 173; xviii. 202);普鲁塔克可能将这一观念与月亮上死亡的温和联系起来(参看上文 943b)。L. A. Post 提出,他可能也想要将 ἀρταμεῖν[切开,支解]当作 Ἄρτεμις[阿尔忒弥斯]的一个词源。厄勒提亚和阿尔忒弥斯有时是姐妹(参看 Diodorus Siculus, v. 72. 5),但这样她们就具有相同的功能。

② 在 Plutarch, *De Genio Socratis*,591b 中,阿特洛波斯处于不可见的地方,克洛索在太阳中,而拉刻西斯在月亮中。在次序上,*De Genio Socratis*,591b 与此处是一样的,但与 Plutarch, *De Fato*,568e 不同,在 *De Fato*,568e 对 *Republic*,617c 的阐释中,克洛索是最高的,拉刻西斯是最低的,阿特洛波斯居中。这两种排序又都与克塞诺克拉底的排序(残篇 5[Heinze])不同,他的排序是阿特洛波斯(可理解的,天外的[supracelestial]),拉刻西斯(可见的[opinable],天的),克洛索(可感知的,尘世的[sublunar])。*De Facie* 和 *De Genio Socratis* 中的排序与 Plato, *Laws*,960c 的排序一样,在 *Laws*,960c 中,拉刻西斯、克洛索和阿特洛波斯以上升次序被命名,正如阿特洛波斯的绰号,Τρίτη σώτειρα[第三个女守护神]表明了这一点。不过,在《论月面》这里,普鲁塔克想到的正是 *Republic* 中的那段话,因为他所用的 συνεφάπτεται 一词是对柏拉图那段话中 ἐφαπτομένην 和 ἐφάπτεσθαι[拴在……上]的摹仿。参看 H. Dörrie, *Hermes*, ixxxii,331 – 342(尤其是 337 – 339),他讨论了这些段落与新柏拉图主义本质学说的前史(pre‑history)之间的关系,并提出,普鲁塔克在写这几段话时受到了克塞诺克拉底的启发。

③ 参看 Plutarch, *De Sera Numinis Vindicta*,561b; *De Genio Socratis*,589f; Plato, *Phaedo*,114d; *Meno*,86b; *Gorgias*,527a; *Phaedrus*,246a。

附录

《论月面》与柏拉图式的诗化地理学

凯尔尼斯(Harold Cherniss)

一

这篇对话的真实性有时遭到怀疑,但并没有合理的证据。[①] 另一方面,尽管有相反的观点,可以肯定的是对话的开头残缺不全,[②] 虽然我们不知道缺失的内容有多少。这不仅仅是因为对话的开头没有任何形式的导语而显得唐突,直到对话的三分之二,我们才明白主

[①] 参看 M. Adler, *Diss. Phil. Vind.* x, 1910, 页 87 和 R. Pixis, *Kepler als Geograph*, Munich, 1899, 页 105 所引述的京特尔(S. Günther)的观点。Wilamowitz, *Commentariolum Grammaticum*, iii, 页 27-28 指出,该对话发表的时候署名拉姆普里亚斯;克里斯特(Christ)在他的 *Geschichte der griechischen Litteratur*, Dritte Auflage, 1898, 页 662 中采纳了这个看法,即从某种意义上说,拉姆普里亚斯要么是真正的作者,要么是相传的作者,伊塞尔(Hirzel)(*Der Dialog*, ii, Leipzig, 1895, 页 185)亦持此说。

[②] 克叙兰德(Xylander)、开普勒和迪布尔(Dübner)都假定开头有残缺,波伦茨(Pohlenz)(见 *Berliner Philologische Wochenschrift*, xxxii, 1912, 页 649-650)、阿尔尼姆(von Arnim)(*Plutarchüber Dämonen und Mantik*, 页 38)、兰格阿尔德(Raingeard)(*Le ΠΕΡΙ ΤΟΥ ΠΡΟΣΩΠΟΥ de Plutarque*, 页 49-50, 关于 920b1 的内容)以及齐格勒(K. Ziegler)(*Plutarchos von Chaironeia*, Stuttgartm, 1949, 页 214)都重申了这一点。维拉莫维茨(Wilamowitz)(上述引文)和伊塞尔(*Der Dialog*, ii, 页 186 注 6)以及阿德勒(*Diss. Phil. Vind.* x, 1910, 页 88-89)则否认这一点。维滕巴赫(Wyttenbach)认为"要么保存完好,要么只有不重要的部分"佚失了。

要的发言人是谁,还因为更确定的证据是对话开头的文本性质。

二

对话中第一个发言人是苏拉(Sulla),他讲述了一个神话,此神话在对话的开头就提及了,并占了该对话最后五分之一的篇幅。在对话的 929e – 930a 中,他适当地打断了对话,问卢修斯(Lucius)的叙述中是否讨论了一个特定的难题。苏拉是迦太基人,可能是普鲁塔克在其《罗慕路斯》第十五章(26c)中引述过的苏拉(Sextius Sulla),与在罗马宴请普鲁塔克的迦太基人苏拉(见《把酒畅谈》727b)也可能是同一人。他还可能是出现在《论制怒》(注 b,453a)中作为丰达努斯(Fundanus)对话者的苏拉,但可能和《把酒畅谈》636a (ὁ ἑταῖρος〔这个伙伴〕)和 650a (τῶν συνήθων〔这些知交〕中的一个)中的苏拉不是同一个人。

第二个发言者拉姆普里亚斯(Lamprias),他既是整个对话的叙述者,也是该对话本身的引导者。① 他还是《论神谕的衰微》的叙述者(比较 413d)和引导者。② 在《德尔菲神庙的字母 E》中,拉姆普里亚斯与普鲁塔克一起出现,普鲁塔克称他为兄弟(385d)。在《把酒畅谈》中,拉姆普里亚斯经常被当作普鲁塔克的兄弟(比较 635a, 726d – e,744c〔以及 745a〕,也许还有 626a)。拉姆普里亚斯的特点是机智、爱嘲讽(726d – e,740a),习惯高声说话(617e – f),而且擅长编故事作为证据来支持自己的观点(《德尔菲神庙的字母 E》386e);他在烹饪(643e,669c,670e)和舞蹈(747b)方面是个行家,而且不愿让年轻人扫兴(704e)。他被迫强调与一个犬儒派人物有

---

① 直到 937d 才提到他的名字。该处处于从对话的主体部分(或者说科学部分)向神话部分过渡的那个部分的开头,是忒翁叫了他的名字。苏拉在神话的开头和结尾(940f 和 945d)也叫了他的名字。有可能在对话佚失的开头同样指认了拉姆普里亚斯。

② 参看 Flacelière, *Plutarque*: *Sur la Dispartion des Oracles*, Paris,1947,页 19 – 22。

密切关系(《论神谕的衰微》413b),但他自己不是犬儒派,他羞愧地认为自己可能被认为运用熟练的辩论技巧败坏了虔诚的信仰。有人说,他推崇逍遥学派甚于推崇伊壁鸠鲁学派(《把酒畅谈》635a - b);但在《论神谕的衰微》中,他毫不犹豫地与亚里士多德争论(424c以下),并转而支持学园派学说(430e以下)。在《论月面》中,他激烈地批评廊下派学说并支持学园派(比较922f)。拉姆普里亚斯与其祖父同名,但这并不能证明他比他的兄弟——普鲁塔克和蒂蒙(Timon)更年长,尽管人们有时如此断言。有人认为《论神谕的衰微》431c - d 表明他是 Lebadeia 神庙的祭司,①虽然这并非这段话的必然推论。德尔菲的一份铭文证明,他在图拉真在位末期或哈德良在位早期担任过德尔菲的执政官。②

阿波罗尼德斯(Apollonides)是第三个发言者,同时被认为是几何学方面的专家(920f)。拉姆普里亚斯指出,他的专长范围和局限与大天文学家希帕尔库斯(Hipparchus)相一致(921d,比较925a)。他对拉姆普里亚斯基于天文学术语和计算的"月影"解释提出异议(933f,935d - e)。《把酒畅谈》650f 有一个与苏拉一同出现的阿波罗尼德斯;但这个阿波罗尼德斯被称为 $\dot{o}$ $\tau \alpha \kappa \tau \iota \kappa \grave{o} \varsigma$ $Ἀπολλωνίδης$ [兵法家阿波罗尼德斯]。没有令人信服的理由判定他们是同一个人。普里卡德(Prickard)说这一名字在这里被普鲁塔克用来表示"阿波罗尼奥斯(Apollonius)家族的一个成员",也就是一个数学家,像阿波罗尼奥斯一样③对天文学理论感兴趣。这个看法可能是对的。

亚里士多德提出了关于天体的正统的逍遥学派理论(928e以下)。当然,普鲁塔克只是选取该名字来表示他所代表的学派(比较920f),正如《论神的惩罚的延迟》中典型的伊壁鸠鲁主义者被称为伊壁鸠鲁。

---

① Hirzel,*Der Dialog*,ii,页189 注3;Flacelière,*Plutarque*;*Sur la Dispartion des Oracles*,前揭,页251,注233;Ziegler,*Plutarchos von Chaironeia*,前揭,页10。

② Dittenberger,*S. I. G.*,ii. 868c,注6;Stein,*R. E.*,xii. 1. 586,*s. v.* $Λαμπρίας$ 4。

③ Apollonius of Perga;比较 Hultsch,*R. E.* ii. 151 - 160。

法尔纳克斯(Pharnaces)代表了廊下派的立场。米忒瑞达特斯(Mithridates)的儿子就用了这个名字,普鲁塔克在庞培和恺撒列传中谈过此人。希罗多德和修昔底德提到过的几个著名的波斯人也叫法尔纳克斯。① 普鲁塔克用该名字来表示他是廊下派学者,也许是由于该名字的亚洲味。②

在该对话中,仅次于拉姆普里亚斯的重要角色是卢修斯。他可能与"毕达哥拉斯主义者摩德拉图斯(Moderatus)的学生,来自伊特鲁里亚(Etruria)的卢修斯"是同一个人,此人是苏拉在罗马为普鲁塔克举办的宴会上的一个客人(《把酒畅谈》viii. 7 - 8[727b 以下,728d 以下])。③ 在对话的前期(921f),拉姆普里亚斯曾求助于卢修斯;拉姆普里亚斯似乎认为该想法是合适的,即卢修斯应该提出学园派理论关于月亮的严格"论证"(比较 928d - e)。事实上,他们二人共同承担了这个问题的陈述和辩护。④

忒翁(Theon)被公认为这群人中的文学权威(比较 931e, 940a)。拉姆普里亚斯曾向他询问以确认一处引文(923f),拉姆普里亚斯后来嘲讽他,因为他恭维阿里斯塔尔库斯(Aristarchus)而忽视克拉特斯(Crates)(938d)。他可能被认作"Θέων ὁ γραμματικός",是苏拉宴会上与卢修斯一起出现的一个客人(《把酒畅谈》728f),而且曾在 Mestrius Florus 家中与普鲁塔克一同用餐(《把酒畅谈》

---

① 在本都(Pontus)有一个城市也叫 Pharnaceia(*Lucullus*,17〔502f〕)。

② Hirzel(*Der Dialog*,ii,页 186 注 4)说,法尔纳克斯原来肯定是一个奴隶,他的命运和意见与爱比克泰德(Epictetus)相似。这当然纯粹只是猜想;不是所有亚洲佬,甚至不是这一时期在罗马的所有亚洲佬,都是奴隶。关于名叫法尔纳克斯的雅典人,参看 *I. G.* ii². 1039. 84 和 202. 55。

③ 在 Plutarch,*Quaest. Conviv.*,vii. 4〔702f〕中出现了另一个卢修斯,他是弗洛鲁斯(Florus)的儿子;比较 Ziegler,*Plutarchos von Chaironeia*,前揭,页 55。

④ 正是卢修斯认为,对于廊下派理论,不应该不经驳斥就置之不理(921f)。当法尔纳克斯抱怨拉姆普里亚斯粗暴对待廊下派时,也是卢修斯给予回应(922f)。他的发言是从 922f 到 923f(在 923f,拉姆普里亚斯接过话头,以便给卢修斯时间集中思想),从 928f 到 929e,从 930a 到 931c,以及从 931d 到 933e。

626e)。在《论月面》中，他的主要贡献是在对话主体的结论部分做了一篇讲辞(937d‑938c)。拉姆普里亚斯称赞这篇讲辞是严肃的科学讨论之后的一种消遣。

最后一个〔出场的人〕是数学家墨涅劳斯(Menelaus)。卢修斯曾直接对他说话(930a)，但墨涅劳斯没有做回应。正如我们所知，在对话中，他既没有发言，也没有被提及。① 普鲁塔克也没有在其他任何地方提过此人。他可能是指来自亚历山大里亚的墨涅劳斯，图拉真在位第一年（公元 98 年），托勒密在罗马撰写的天文观测报告中曾称其为 ὁ γεωμέτρης〔几何学家〕并两次引证。②

三

在 937c‑d 以前，对话者是边散步边谈话，现在他们坐在台阶、凳子或长椅上(ἐπὶ τῶν βάθρων)，并一直到对话结束。正如我们所知，该作品中没有提供任何其他关于场景和地点的暗示。通常设想对话发生在喀罗尼亚(Chaeronea)③，但文本中没有做任何规定。桑德巴奇(F. H. Sandbach)提出了有力论据，证明戏剧地点在罗马或罗马近郊。对话中的一个人物提供了其中一个论据。在普鲁塔克的其他著作中，阿波罗尼德斯、亚里士多德(Aristotle)以及法尔纳克斯均未出现过，而且他们可能都是虚构的人物。普鲁塔克也没有在其他地方提到过数学家墨涅劳斯，但我们知道墨涅劳斯曾经在罗马待过一段时间。苏拉、卢修斯以及忒翁都一起出现在为普鲁塔克举

---

① 除了在 939c‑d，拉姆普里亚斯两次用了 ὑμῖν 的复数形式，表示既包括忒翁，也包括墨涅劳斯。

② Ptolemy, *Syntaxis*, vii. 3 (ii，页 30. 18 以下和页 33. 3 以下〔Heiberg〕)；比较 Orinsky, s. n. ("Menelaos") 16，见 Pauly‑Wissowa, *R. E.*, xv. 1. 834‑835。

③ 参看 Hirzel, *Der Dialog*, 前揭, ii, 页 184 注 1, 他认为对话场景不是德尔菲。

行的一次宴会上,当时普鲁塔克在离开了一段时间后回到罗马(《把酒畅谈》viii. 7 – 8);而这三个人从来没有被提及曾待在其他地方,除了在罗马或其近郊(见前面第二节)。只有拉姆普里亚斯一个人属于普鲁塔克在喀罗尼亚的圈子;但无法肯定普鲁塔克去罗马时他没去罗马,虽然似乎也没有相反的确定证据。①

对话中另一个有争议的地方是与戏剧的地点及时间有关系。在931d – e 处,卢修斯提到最近的一次日全食,他说:

> 要是你回想起来的话,最近的这一次相合始于正午刚过之时,它使许多星体从天穹的不同部位发出光芒……

金泽尔(Ginzel)②认为,此次日全食就是发生在公元71年3月20日的那一次,因为他发现在普鲁塔克的一生中,在喀罗尼亚能够见到的其他几次日食都远不是全食,不足以产生此星相。他的结论被普遍接受,③直到桑德巴奇指出,既然此次日食在喀罗尼亚当地太阳时上午11时左右达到最大相位,④那么普鲁塔克不应说在正午之后才开始。金泽尔假定观测点是喀罗尼亚;桑德巴奇指出这一假定没有根据,他认为应该是其他两次日食,即公元75年1月5日和公

---

① 拉姆普里亚斯至少装作熟悉拉丁语(*Quaest. Conviv.*,726e 以下)。关于普鲁塔克访问罗马,参看 Ziegler, *Plutarchos von Chaironeia*,前揭,页19 – 20。

② F. K. Ginzel, *Spezieller Kanon der Sonnen – und Mond – finsternisse für das Ländergebiet der klassischen Altertums wissenschaft*, Berlin, 1899,页202 – 204;亦比较 Plates X 和 XI,关于公元一世纪和二世纪日食的轨迹。关于公元75年和83年日食的资料,出自金泽尔(Ginzel)的表格,前揭,页78 和页110 – 111。

③ Struyck(见 Ginzel, *Spezieller Kanon der Sonnen – und Mond – finsternisse für das Ländergebiet der klassischen Altertums wissenschaft*,前揭,页203)似乎在金泽尔之前就得出这个结论;阿德勒和福瑟林汉姆(Fotheringham)接受了金泽尔的观点。伊塞尔(*Der Dialog*,前揭,ii,页182,注1)追随福尔克曼(Volkmann),甚至没有提到59年、71年以及75年的日食,而金泽尔却认为这几次日食恰恰是最值得考虑的。

④ 据普里卡德(Plutarch,〔*Select Essays*〕,ii, Oxford, 1918,页253),金泽尔(*Spezieller Kanon der Sonnen – und Mond – finsternisse für das Ländergebiet der klassischen Altertums wissenschaft*,前揭,页204)认为是10点58分,Fotheringham 认为是11点4分。

元83年11月27日的日食。后者在亚历山大接近15时是全食。前者在迦太基15时稍过和在罗马纬度线上的亚得里亚海东面地区的15时左右都是全食,持续时间为20分钟;罗马本地的最大食分是11.5,而按照福瑟林汉姆(Fotheringham)的说法,①除了金星以外的其他星体在10.7食分时是可见的。那么,公元75年1月5日当地太阳时下午3点20分左右,在罗马看见某些星体是完全可能的。公元75年在罗马所看到的日食较公元71年在喀罗尼亚看到的日食更符合卢修斯所述情形,尽管时间上有点晚,被认为是开始于午后。② 必须强调的是,没有理由假定普鲁塔克亲眼看见了卢修斯提到的这次日食。他无疑听说在罗马或其附近的人们看见了此次日食;而几乎可以肯定的是,他看见了公元71年在喀罗尼亚的日食,而且可能看见了公元83年在亚历山大里亚的日食。③ 他很可能将其在这一次或两次日食中看到的情形用于说明他没看见的公元75年日食。我们可以断言该对话的戏剧时间晚于公元75年(地点在罗马或其附近),但晚多少尚难以确定,尽管卢修斯说的是"最近的"一次日食。他所用的词έναγχος,类似英语中的recent〔最近的〕。该词在涉及诸如日全食这样罕见的事情时,可以表示一个发生在20年内甚至更长时间内的事件。但在这段话中,似乎不是表示新近之事。因为卢修斯特意考虑到如下可能性,即其听众可能记不得"最近的相合",所以他不得不查找文献证据,以获得对日全食的印

---

① *Historical Eclipses*,1921。福瑟林汉姆在一篇写给桑德巴奇(Sandbach)的信(1929年1月22日)中引用了该书;在这封信中,福瑟林汉姆指出:"公元75年在罗马,有一部分星星是可见的。"参看 Ginzel,*Spezieller Kanon der Sonnen – und Mond – finsternisse für das Ländergebiet der klassischen Altertums wissenschaft*,前揭,页14。

② 这次日食大概是在13点50分开始的,它的"开始阶段"裸眼观察不到;但普鲁塔克能够粗略地推算出来。

③ 我们不知道普鲁塔克何时访问了亚力山大里亚。在 Plutarch, *Quaest. Conviv.*, v.5(678c以下),在他从亚力山大里亚返回后,他的祖父出席了为他举办的宴会。Sandbach认为这可能在公元83年以后;但是,无论是否如此,我们都不知道除了这次之外,普鲁塔克是否还到访过亚力山大里亚。

象。试图从945b找到历史的出处来确定对话的日期的尝试很不合常理。据目前可得的有限证据所知:此次谈话应该发生在罗马或其附近,时间在公元75年之后——也许是公元75年之后相当长时间。

关于戏剧时间就谈这些。伊塞尔(Hirzel)断言戏剧时间与写作时间一致,①这是根本没有理由的。《论月面》与《论神谕的衰微》的某些明显相似常为人注意。但在两者孰先孰后的问题上,从这些相似之处,我们可以得出相反又都有说服力的——同时又都是假设的——观点。② 因为《论神谕的衰微》的时间不明确,③那么,两者的相对年代即便得到证实也不能确定《论月面》的时间。

四

《论月面》的结构复杂,整部作品由拉姆普里亚斯叙述。他是第一个发言者,并且引述会谈参与者的话,包括他自己的话,偶尔间接引述(如933f),大部分是直接引述。他叙述的最后一部分内容(第26-30节,940f-945d)完全由苏拉的神话组成,而且是用苏拉自己的话说的。苏拉自己说该神话是一个不知其名的陌生人告诉他的,他先间接引用陌生人的话,然后(942d以下)直接引用到最后。这个陌生人告诉苏拉该神话的第二部分或者说末世论部分是他本人从"克洛诺斯的侍从们和仆人们"那里听来的(比较945d)。读者此时从拉姆普里亚斯那里听到的这一部分内容是第四手的东

---

① Hirzel,*Der Dialog*,前揭,ii,页184,注1。
② M. Adler,*Diss. Phil. Vind.* x,1910,页115-116,认为,普鲁塔克在 *De Defectu Oraculorum* 中摘录了《论月面》;但相反的观点见 Raingeard 编的《论月面》版本,页 xxviii。
③ Ziegler,*Plutarchos von Chaironeia*,前揭,页76,认为"大约在公元100年";但比较 Flacelière,*Plutarque:Sur la Dispartion des Oracles*,前揭,注4和13-17。

西,陌生人的地理介绍则是第三手的。①

从 937c 开始,苏拉似乎答应讲述该神话,作为在先前某一次讨论中有关月面性质之说明的回报。如此约定可能在佚失的对话开头就明确了,或许在对话开头,苏拉遇见了正在回顾早先讨论的同伴(见导言第 2 个注),这些不过是猜测。不过,可以肯定的是,拉姆普里亚斯所叙述的从第 2 节到第 23 节的大部分内容是一次会谈,这段对话被描述成包含了早期会话的摘要或报告。这一点在第 24 节开头(937c)说得很清楚:"我们已经凭记忆尽可能多地汇报了那次谈话的内容。"而且第 2 节结尾(920f)的 ἐδόκει λέγεσθαι〔好像是讲〕暗示拉姆普里亚斯在该节中到此为止所说的内容曾作为早先讨论的一个论据。那次讨论被称为 διατριβή〔讨论、研究、消遣〕,讨论的引导者不是在这里复述它的拉姆普里亚斯或卢修斯,②而是某个被拉姆普里亚斯、卢修斯和苏拉称为"我们的伙伴"的人,有可能就是普鲁塔克自己。③ 当然,拉姆普里亚斯和卢修斯被认为与他们的"伙伴"一起参加了那次讨论,而苏拉不在场。至于其他人,阿波罗尼德斯④和忒翁⑤肯定都不在场;法尔纳克斯可能也不在场;⑥至于亚里士多德和墨涅劳斯是否在场,从我们现有的文本无法做出明确推断。⑦ 因此,除了拉姆普里亚斯和卢修斯外,其他人在第 2-23 节

---

① 比较 Plato, *Parmenides* 和 Shorey, *What Plato Said*, 页 287。
② 除了已经引用的 937c,920f 外,尤其参看 921f,930a,932d,933c。
③ 参看 921f,929b,929f。
④ 他在 920f 提出的问题暗示了这一点,921b 又确证了这一点。
⑤ 932d–e 中他与卢修斯的交谈清楚地暗示了这一点。
⑥ 这一点可以从 921f 十分合理地推出来,在该处,卢修斯提出应该关照法尔纳克斯。还可以从 922f 法尔纳克斯对拉姆普里亚斯的攻击的批评推出来。不过,在 922f 中他的话更适合这样的解释,即他参与了早先的讨论,并且受了学园派伎俩的诱导。
⑦ 930a 中卢修斯对墨涅劳斯的评价,αἰσχύνομαι…σοῦ παρόντος κτλ.〔不好意思……在你面前反驳〕,似乎暗示墨涅劳斯参与了早先讨论;但这并不确定,尤其是从墨涅劳斯没有做回应的事实来看。在 920f 中,当拉姆普里亚斯对亚里士多德说话时,亚里士多德一直沉默,这也许意味着亚里士多德之前已经听到过这一点。

中所说的不是早先讨论的内容。不过,卢修斯所言并不都是早先讨论的复述,因为在若干个地方,他的评论或意见被明确指出是他自己的贡献。不过,早先讨论不能被看作普鲁塔克与其朋友一起进行的讨论,也不是他可能做过的讲演;它基本上是一个文学虚构,是这篇对话结构的一部分,为这篇对话提供一个似是而非的动机。

对这一虚构的讨论以及由之引发的附带争论的复述,普鲁塔克将之视为该对话中的"科学〔部分〕"。在其结尾处,拉姆普里亚斯为苏拉的神话做好了准备(第 24 节开头,937c–d),但在苏拉开始发言之前,忒翁提出了月球的可居性问题。忒翁声称,如果它不可居,那么它就不可能具有按照拉姆普里亚斯和卢修斯的说法它必定具有的性质或成分。拉姆普里亚斯称忒翁的发言是前面严肃讨论之后的一种消遣。然而,忒翁其实提出了关于目的因的形而上学问题。拉姆普里亚斯在第 25 节中对此做了详细回应。拉姆普里亚斯首先指出,要是月亮的构成如他所主张的那样,那么它即使不可居,也不见得没有其在宇宙中的目的(938c–f)。其次,即使对于肉身的人类不可居,它仍然可能适合某种完全不同于人类的生物居住,对于这类生物而言,月亮可能恰恰呈现为唯一真实的地球(earth),而我们的地球是宇宙的黏土和废物,对于暖体的、有呼吸会运动的生物是不可居的。在此处,苏拉打断了拉姆普里亚斯的发言(第 26 节开头,940f),免得后者耽误他讲述神话。拉姆普里亚斯〔的发言〕恰恰就处于神话的开端,因为正如大家所见,该神话宣扬月亮是给灵魂居住的,这些灵魂是人在地球上死后离开身体的灵魂,或者是还没有被合成为陆地上生物的灵魂。因此,由忒翁的发言和拉姆普里亚斯的回应构成的情节(第 24–25 节),不只是纯粹形式上的文学设计。可以肯定,它是从对话的科学部分向最后的神话部分的过渡。在科学部分中,月亮现象据说意味着月球具有与地球类似的结构,而在神话部分中,这样一个月亮在宇宙中的目的,被加以想象性描绘。但这一过渡情节提出了哲学问题,如果不回答这个问题,完全天文学的结论对于一个柏拉图主义者或逍遥学派学者而言恐怕不是完整的或令人满意的解释。这一过渡情节本身包含了一个形而上学的回答。神话部分有其内在重要性,但在本质上是这一回答的诗意修饰。如果我们适当地关注这一"过渡",那么整部对话的整体统一就没有问题,我们也不会怀疑,整部对话的目的是为了建构这样的立场并为之辩护:月亮完全由土构成,只有在这一假说基础上,各种天文现象以及月亮的存在本身才能得到说明。[1]

五

对话的主体部分对天文学、宇宙论、地理学以及反射光学的历史特别有兴趣。因此,该作品的这一方面应得到比以往更多的关注。[2] 它不是一篇科技论文,也不能认为它似乎应该是科技论文。但是,它在一部文学作品中——为一位生活于大约公元一世纪末期的有教养但不懂技术的听者而准备——熟练地引证萨摩斯的希帕尔库斯和阿里斯塔尔库斯,并逐字引用后者的一篇技术著作,仔细

---

[1] 参看 M. Pohlenz, *Gött. Gel. Anz.*, clxxx〔1918〕,页 323。

[2] J. O. Thomson, *History of Ancient Geography*, Cambridge, 1948, 页 330 – 331,给出了这一部分的简略纲要,并引述了 Duhem 和 Humboldt 的称赞。A. O. Prickard 在其对该对话两个译本的导言中就这个主题做了一般性的评论(Plutarch *on the Face which appears on the Orb of the Moon*, Winchester and London, 1911, 页 9 – 15 和 Plutarch, *Select Essays*, ii, 页 246 – 253)。S. Günther 在其提供的该对话纲要中也有评论(*Vergleichende Mondund Erdkunde*, Braunschweig, 1911, 页 24 – 35),不过其中约有一半内容是关于神话的。Hirzel 在他的 *Der Dialog*(页 182 – 189)中则几乎没有专门言及科学部分。关于该对话的最长的专论是 Maximilian Adler 的 *Quibus Ex Fontibus Plutarchus Libellum "De Facie in Orbe Lunae" Hauserit*(Diss. Phil. Vind. x, 1910, 页 85 – 180)。该书对科学部分的关注仅仅在于,作者认为这部分内容可以支持他的一个论点,即普鲁塔克这篇对话的素材来源是波西多尼。K. Praechter, *Hierokles der Stoiker*, Leipzig, 1901, 页 26 和页 109 – 120 也受类似意图的限制。亦参看 W. Norlind, *Eranos*, xxv, 1927, 页 265 – 277 的注释。

考虑了反射规律,拒斥朝向宇宙中心的运动学说,强调了天体速度在宇宙论中的重要性,具有特别深远的意义。①

不过,大多数研究关注的是结尾的神话。② 它由两个部分组成。第二部分——即主要部分——是末世论神话,该神话解释了月球在灵魂"轮回"中的作用,以此规定了月球在宇宙中的目的。而且,陌生人告诉苏拉,他是从克洛诺斯的侍从们那里听到该神话的(942d – 945d)。第一部分则是该神话的导言或"故事结构"。在第一部分中,陌生人向苏拉解释他如何从大西洋的另一侧大陆抵达克洛诺斯的小岛,该岛是不列颠西边若干岛屿中的一个,他在那里服侍了三十年,然后旅行到迦太基,并在那里遇见苏拉(941a – 942c)。

这一地理介绍引起了不切实际的推测。开普勒确信这个大西

---

① 与海罕的论文做一个比较是很有趣的。这篇论文由斯科耶(Carl Schoy)译自阿拉伯文(*Abhandlung des Schaichs Ibn'AliAl – Hasan Ibn Al – Hasan Ibn Al – Haitham*; *über die Natur der Spuren*⟨*Flecken*⟩, *die man auf der Oberfläche des Mondes sieht*〔Hannover,1925〕。海罕对"月面(face)"的解释是:月亮的不同位置必定有不同的物质属性,因为光影变化只能基于吸收和反射光线的能力的不同,月面上的斑点是密度较高吸收能力较差的地方(页20以下,以及29 – 31)。虽然斯科耶似乎没有意识到这一点,普鲁塔克也没有提及,但这一解释被归于οἱ ἀπὸ τῶν μαθηματικῶν,见 Aëtius,ii. 30. 7(*Dox. Graeci*,页 362. 5 – 13)。海罕不认同斑点是投射在月亮上突出部位的阴影的观点,他认为这种阴影不会像斑点那样总是保持同样的形状和位置(页14 – 17)。不过,与普鲁塔克一样,他知道并驳斥了关于这些斑点是地球上的海洋或其他地貌在月亮上的映象的观点(页1 – 2,5 – 7;《论月面》第3 – 4节);他还引证了月食的颜色(页31以下;*De Facie*,934b – d)。他还证明了另一种普鲁塔克没有提及但辛普利乌斯(*De Caelo*,页 457. 25 – 30)予以记载的解释是不可能的,即这些斑点的成因是从低处升上去的气体掩蔽了月亮的光辉(类似说法参看 Milton,*Paradise*,v. 415 – 420 和 *De Facie*,922b – c)。与克利沃默德(ii. 4. 103〔页 186. 14 – 27 Ziegler〕)一样,海罕似乎认为月亮作为一个球面反射镜必定呈现为一个单一的光点(页7以下,Schoy 的注释,页8,注1)。

② 也许正是这一部分,以及更严格的天文学部分,促使开普勒在去世前不久将《论月面》译为拉丁文并做了注疏,刊行于 Dr. Ch. Frisch 编的 *Joannis Kepleri astronomi opera omnia*,Francofurti a. M. ,1870,vol. Viii。参看 R. Schmertosch, "Keppler zu Plutarchs Schrift 'Vom Gesicht im Monde,'",见 *Phil. – Hist. Beiträge Curt Wachsmuth zum 60. Geburtstag überreicht*,Leipzig,1987,页 52 – 55 和 R. Pixis,*Kepler als Geograph*,前揭。

洋对岸的大陆是美洲,他试图辨识该神话中提到的岛屿。① 克里斯特(W. Christ)在1898年仍然断言,普鲁塔克所说的大陆"显然是美洲",并证明在公元元年左右,一百名船员曾取道冰岛、格陵兰岛和巴芬岛抵达北美海岸。② 1909年时,迈尔(G. Mair)宣称,关于美洲的知识来源于迦太基航海家的报告,这些航海家曾进入墨西哥湾,而克洛诺斯之岛是斯堪的纳维亚。他还认为,神话中的北部地理知识,则得自马西里亚的皮西亚斯(Pytheas of Massilia)的航海报告。③ 即使在迈尔发表其古怪理论之前,埃布纳(Ebner)已经令人信服地证实,普鲁塔克没有提到真实的横渡大西洋事件,也没有提到与渡洋有关的传言。他指出,普鲁塔克在开头使用奥吉吉亚〔岛〕(Ogygia)之名(941a–b),就已清楚表明其地理布局的纯粹神话意图。而且,这一地理背景完全是模仿柏拉图的大西岛,依据的是北方净土之民(Hyperborean)的赫卡特(Hecataeus)故事,特奥彭波斯(Theopompus)的墨洛毗丝(Meropis)以及犹希迈罗斯(Euhemerus)

---

① 参看开普勒译本注97、98、103、105,以及他的 *Somnium sive Astronomia Lunaris* 注2。在 *Theatrum Orbis Terrarum Abrahami Ortelii*, Antwerp, 1593,页5中,普鲁塔克的这一段话被第一次明确地用来证明古人知道美洲大陆的存在。

② Christ, *Geschichte der griechischen Litteratur*, 前揭,页662,注1。W. Schmid 和 O. Stählin 编的该书第六版(Zweiter Teil, Erste Hälfte[1920],页498)忽略了克里斯特的这个注释,只是写:"aus dem Fesland jenseits des atlantischen Ozeans(Amerika?)."

③ G. Mair, "Pytheas' Tanais und die Insel des Kronos in Plutarchs Schrift 'Das Gesicht im Monde'", 见 Jahresbericht des K. K. Staats - Gymnasiums in Marburg a/D, 1909。迈尔(Mair)的主张的一个明确例证是他认同克里斯蒂安娜 - 菲约德(Christiana - Fjord)对941b中提到的 $\kappa ό \lambda \pi o \varsigma$〔海湾〕的识读(页18),虽然按照普鲁塔克的说法,它在跨大西洋的陆地中。此外,普鲁塔克提到所有岛屿都位于不列颠的西边和西北边!

的"圣神记载"。① 附加的地理细节通常是"证实性细节,目的是为了使在其他方面单调而缺乏说服力的叙述增加艺术逼真感"。普鲁塔克可能是从塔尔苏斯的德米特里(Demetrius of Tarsus)想到沉睡的克洛诺斯的话题,在《把酒畅谈》(419e – 420a)中德米特里被迫说克洛诺斯被囚禁于不列颠附近一小岛,受睡眠之索束缚,由布里亚柔斯(Briareus)看守,由他的精灵侍从们照看。这个德米特里似乎是个历史人物,他确曾到过不列颠,在该对话中,据说他最近才从不列颠回来。他可能告诉普鲁塔克一些凯尔特人的传说故事或迷信说法,而普鲁塔克将这些故事希腊化,然后编入他的神话中。②

---

① E. Ebner, *Geographische Hinweise und Anklänge in Plutarchs Schrift, de facie in orbe*, Munich, 1906。洪堡(A. Von Humboldt)很早就判断这个地理框架完全是神话式的(*Kritische Untersuchungen über die historische Entwicklung der geographischen Kenntnisse von der Neuen Welt*, Berlin, 1836, 页 174 – 185)。阿尔尼姆(*Plutarch über Dämonen und Mantik*, 见 *Verhand. K. Akad. Van Wetenschappen te Amsterdam*, Afd. Letterk. , 1921, 页 37 – 47)认为第 26 节的来源是一部"奇幻游记",与哲学或月亮鬼神学都无关,除了其中预言英雄命运的克罗诺斯的精灵。W. Hamilton, (*The Myth in Plutarch's De Facie* [940f – 945d], 见 *Class. Quart*. xxviii, 1934, 页 24 以下, 参见 24, 注 1)虽然引述了赫卡泰奥斯(Hecataeus)、犹希迈罗斯(Euhemerus)和泰奥彭波斯(Theopompus)的类似地理神话,以及赫拉克利德斯·彭提乌斯(Heraclides Ponticus)的 *Abaris*(亦参看 Hirzel, *Der Dialog*, 前揭, ii, 页 187, 注 4),但他坚持认为普鲁塔克写的这整个神话都是直接模仿柏拉图的大西岛故事。Rohde (*Der griechische Roman*, 页 204 – 276, 第三版[Leipzig, 1914, 页 219 – 296])将普鲁塔克的地理神话置于与泰奥彭波斯、赫卡泰奥斯、犹希迈罗斯、亚姆布鲁斯(Iambulus)、安东尼·第欧根尼斯(Antonius Diogenes)以及马塞拉斯(Marcellus)的冒险故事一样的恰当背景中。亦参看 H. Martin, *études sur le Timée de Platon*, Paris, 1841, i, 页 290 – 304 和 J. O. Thomson, *Hist. of Ancient Geography*, 前揭, 页 237 – 238。

② 关于德米特里(Demetrius), 参看 R. Flacelière, *Plutarque: Sur la Dispartion des Oracles*, 前揭, 页 26 – 28 和 K. Ziegler, *Plutarchos von Chaironeia*, 前揭, 页 36。如果德米特里确实听说过关于神或英雄在某个西方岛屿上沉睡的凯尔特故事, 那么他或者普鲁塔克很容易将其认作克罗诺斯(比较 Hesiod, *Works and Days*, 169 和 Pindar, *Olympian*, ii. 77 [70] 以下)。Pohlenz 的观点(见 *R. E.* , xi. 2013)是"熟悉北方世界的"波西多尼是这个 Kyffhäusermotiv 的中介, 但这没有提出任何依据。根据 M. Adler, *Diss. Phil. Vind*. x, 1910, 页 169 – 170, 波西多尼既是克罗诺斯主题又是神话的整个地理部分的来源, 阿德勒很轻松地证明 Schmertosch 把克塞诺克拉底当作这一部分的来源没有实在的理由; 但汉密尔顿(*The Myth in Plutarch's De Facie* [940f – 945d], 前揭)证明波西多尼也不可能是来源。

对该神话的第二部分(神魔论、末世论)的讨论,主要关注的是普鲁塔克的素材来源问题。海因策(Heinze)试图证实,该神话的素材是从色诺克拉底和波希多尼那里整合而来的,而在最终的组合中可以分辨出属于这两位作者的各自部分。① 阿德勒(Adler)有力地批评了此论点,主张波希多尼是普鲁塔克整个神话的素材来源,而且,在该神话中可以找到的基本来自色诺克拉底的任何内容,都源于波希多尼。② 但是,琼斯(R. M. Jones)③最后证实,海因策和阿德勒的结论都经不起仔细推敲。波希多尼不可能是来源,虽然普鲁塔克综合了各种当时流行的末世论观念,其中一些可能是不同哲人同有的观念,但普鲁塔克神话主要是对柏拉图的《蒂迈欧》的一种解释。后来,针对莱因哈特(Karl Reinhardt)——他试图将该神话追溯至波希多尼的某种"太阳末世论"假说——琼斯重新确定了此处普鲁塔克末世论、心理学及神魔观的柏拉图式特征,并重申波希多尼不可能是素材来源。④ 汉密尔顿(Hamilton)后来更加肯定地认为,普鲁塔克是把《蒂迈欧》当作《论月面》中整个神话的模型。由于《〈蒂迈欧〉中灵魂的产生》显示普鲁塔克很严肃地看待《蒂迈欧》,他必定会有意地使《论月面》中神话的相应部分包含他自己的同样

---

① Richard Heinze, *Xenokrates*, Leipzig, 1892, 页 123 以下。M. Pohlenz, *Vom Zorne Gottes*, Göttingen, 1909, 页 133, 注 1, 总体上赞同 Heinze 的结论,但在一些细节上与之相异。

② M. Adler, *Diss. Phil. Vind.* x, 1910, 页 166 以下。波伦茨在 *Berliner Philologische Wochenschrift*, xxxii〔1912〕, 页 648 - 654 中以及在他关于该神话来源的论述(同前,页 653)中评论了阿德勒的论文。P. Capelle, *De luna stellis lacteo orbe animarum sedibus*, Halle, 1917, 页 14 - 15 认为第 28 节源于波希多尼对死后灵魂状态的解释,而第 29 和第 30 节源于他对 *Timaeus* 的推测性的评论。

③ R. M. Jones, *The Platonism of* Plutarch, 页 48 - 56 和 58 - 60。

④ K. Reinhardt, *Kosmos und Sympathie*, Munich, 1926, 页 313 以下(亦参看 F. Cumont, "La Théologie solaire du paganisme romain", 见 *Mém. De l' Acad. des Inscriptions*, xii, 1909); R. M. Jones, "Posidonius and Solar Eschatology", 见 *Class. Phil.* xxvii, 1932, 页 113 - 135, 尤其是页 116 - 131。P. Boyancé, *études sur le Songe de Scipion*, Bordeaux and Paris, 1936, 页 78 - 104, 和琼斯(Jones)一样反驳了库蒙(Cumont)和莱因哈特(Reinhardt)的观点。

严肃的解释,即对有关灵魂性质和命运的信念的解释。① 苏里(Soury)在其对该神话的广泛研究中虽然强调了密仪(mysteries)的可能影响,但总体上赞同汉密尔顿的观点,即柏拉图影响的优势。②

我相信,任何没有先入之见的读者阅读《论月面》都会承认,从头至尾,柏拉图都是普鲁塔克的灵感来源,但普鲁塔克本人是整部作品的真正作者。虽然该作品中有他从广泛多样的科学和哲学的阅读中提取的精髓,但他不可能通过复制任何原始资料或通过对其进行组合而写出该作品。我试图在评注中标明"相似处",有助于读者理解对话本身,即领会其与其他古代科学和哲学观念的关联。有些最惹人注目的"相似处"来自后来的作者,尤其是新柏拉图派;提到这些不是为了暗示普鲁塔克对后来作家的直接影响,虽然他们中的许多人确实很熟悉普鲁塔克。他们阐释了《论月面》的含义,与此同时,他们也指出了普鲁塔克所了解而早已散佚的一些哲学著作可能包含什么内容,这可能有助于使那个模糊且有争议的问题,即新柏拉图主义的前史问题,得到些微的显明。

六

《论月面》是所谓的拉姆普里亚斯目录中的第 73 篇,按 Planudean 的次序则是第 71 篇。显然它被保存于仅有的两份国家图书

---

① W. Hamilton, *The Myth in Plutarch's De Facie*〔940f - 945d〕,前揭。汉密尔顿明确反对阿尔尼姆的理论,后者在其 *Plutarch über Dämonen und Mantik* 中认为普鲁塔克的地理神话和末世论神话有不同的来源,末世论神话来自一个比安提奥可(Antiochus)更晚的折衷的柏拉图主义者。汉密尔顿认为普鲁塔克对该神话持严肃认真的态度,对此,齐格勒(*Plutarchos von Chaironeia*,前揭,页 217)无疑正确地指出,苏拉的最后一句话,连同拉姆普里亚斯在 920b - c 中的评论,都说明普鲁塔克无意坚持神话的字面真实,这一态度也是追随柏拉图。

② G. Soury, *Rev. ét. Gr.*, liii, 1940, 页 51 - 58 和 *La Démonologie de Plutarque*, Paris, 1942, 页 73 - 82 和 177 - 210。

馆抄本中,即希腊 1672(saec. XIV)和 1675(saec. XV),按惯例分别称为 ParisinusE 和 ParisinusB。一直以来,人们都认为它们是对某个原本的分别誊抄。但最近,曼顿(G. R. Manton)提出强有力的证据认为 B 是从 E 演变而来,即通过一个中介的手稿,"有个学者曾抄录了 E,并对其进行了改动,他填充了脱漏,并加入了自己的推测"。①

我比较了这两个抄本的影印件——赫尔姆博尔德博士(Dr. William C. Helmbold)慷慨地让我任意使用它们——而且我以惯用符号记录了它们各自的异文,因为我很快发现不仅伯纳德基斯(Bernardkis)的抄本报告不可信,兰格阿尔德(Raingeard)提供的该对话的最新版本也靠不住,甚至特罗伊(Treu)的校勘也不是完全没有错误的。不过,我没有记录重音符和送气符的轻微省略或变异,除非它们影响了意思。我还调整了元音缩合和元音省略,不考虑它们的抄本或报告,因为在这方面它们并没有显示出一致性。与巴比特(Babbitt)教授的用法相一致,我忽略抄本,使用了 γίγνεσθαι, γιγνώσκειν 和 οὐδείς 形式,虽然在抄本中一般写作 γίνεσθαι, γινώσκειν 和 οὐδείς;不过,我自始至终都采用了 δυεῖν 形式。我试图尽我所能将校订意见归于最早提出它们的人,但对于一些在所有现代版本中都未显示其归属的校订,以及我未能发现其作者的校订,我只能写上并不令人满意的注释:"编者们"。

对于据说以三种不同笔迹写在奥尔丁(Aldine)版副本上的意见——该版本现存国家图书馆(Rés. J. 94),我不得不依赖莱因哈特在其所编版本的"apparatus criticus"中的报告(比较他的导言 pp. xvi 及以下);所有这些我都以惯用形式,"Anon. , Aldine, R. J. 94",无区别地做了简要说明。对于奥尔丁版和克叙兰德(Xylander)的版本的异文,我不得不依赖莱因哈特、赖斯克(Reiske)、维滕巴赫(Wyt-

---

① "The Manuscript Tradition of Plutarch Moralia 70 – 7",见 *Class. Quart.* xliii, 1949,页 97 – 104。

tenbach)、赫特(Hutten)以及伯纳德基斯的报告。但是,对于弗罗本(Froben)的版本(Basiliensis,1542)以及斯特凡努斯(Stephanus)(1624)、赖斯克、维滕巴赫、赫特、迪布内(Dübner)、伯纳德基斯、莱因哈特的版本,还有克叙兰德、阿米欧(Amyot)、开普勒(Kepler)、卡尔特瓦塞尔(Kaltwasser)的译本,普里卡德的两种译本①,希思(Heath)论文中的译文部分,②我从头到尾都做了查阅和比较。

那些就我所知出于我之手的校订用人名首字母 H. C. 来表示。除了在此导言中已经提到的版本、译本和论文外,我对该文本的研究所借助的主要文献如下:

Adler, Maximilian: *Diss. Phil. Vind.* x(1910), pp. 87ff.
Wiener Studien, xxxi(1909), pp. 305 – 309.
"Zwei Beiträge zum plutarchischen Dialog 'De Facie in Orbe Lunae,'" *Jahresbericht des K. K. Staatsgymnasiums in Nikolsburg*, 1909 – 1910(Nikolsburg, 1910).
Wiener Studien, xlii(1920 – 1921), pp. 163 – 164.
Festschrift Moriz Winternitz(Leipzig, 1933), pp. 298 – 302.
Apelt, Otto: "Zu Plutarch und Plato," *Jahresbericht Gymnasium Carolo – Alexandrinum zu Jena*, 1904 – 1905(Jena, 1905).
"Kritische Bemerkungen," *Jahresbericht… Jena*, 1905 – 1906(Jena, 1905).
Chatzidakis, G. N.: *Athena*, xiii(1910), pp. 462 – 714.
Cobet, C. G.: *Novae Lectiones*(Leiden, 1858).
Variae Lectiones(Leiden, 1878).
Collectanea Critica(Leiden, 1878).

---

① W. R. Paton(见 *Class. Rev.* xxvi, 1912, 页 269)和 L. C. Purser,(见 *Hermathena*, xvi, 1911, 页 309 – 324)对普里卡德的译本做了评论。珀泽(Purser)的评论是对文中大约两个标记段落的一系列注释和建议。

② Sir Thomas L. Heath, *Greek Astronomy*, London, 1932, 页 166 – 180。

Emperius, A. : *Emperii Opuscula Philologica et Historica* ··· ed. F. G. Schneidewin(Göttingenm 1847), pp. 287 – 295.

Hartmam, J. J. : *De Plutarcho Scriptore et Philosopho* (Leiden, 1916), pp. 557 – 563.

Herwerden, H. van: *Lectiones Rheno – Traiectinae* (Traj. Ad Rhen. , 1882).

Mnemosyne, xxii (1894), pp. 330 – 337, and xxxvii (1909), pp. 202 – 223.

Kronenberg, A. J. : *Mnemosyne*, lii (1924), pp. 60 – 112, and Ser. III, x(1941), pp. 33 – 47.

Kunze, R. : *Rhein. Mus.* lxiv (1909), pp. 635 – 636.

Madvig, J. N. : *Adversaria Critica*, I (Hauniae, 1871), pp. 664 – 666.

Mras, K. : *Zeitschrift für dieösterreich. Gymnasien*, lxv (1914), pp. 187 – 188.

Naber, S. A. : *Mnemosyne*, xxviii (1900), pp. 329 – 364.

Papabasileios, G. A. : *Athena*, x(1898), pp. 167 – 242.

Pohlenz, Max: *Berliner Philologische Wochenschrift*, xxxii (1912), pp. 648 – 654.

Götting. Gelehrte Anzeig. clxxx (1918), pp. 321 – 343.

Sandbach, F. H. : *Proc. of the Cambridge Philological Soc.* , 1943.

我最大的遗憾是没能用上波伦茨(M. Pohlenz)教授的《论月面》版本(见《普鲁塔克的〈伦语〉》第五卷[*Plutarchi Moralia*, vol. v, Fasc. 3, Leipzig, Teubner, 1955]),只有在对该卷进行付印前编页码和校订之后,我才能用得上。

1956 年 2 月

《论月面》的地理学意义

库恩斯(Paul Coones)

普鲁塔克的著名对话《论月面》,不仅对于古典学者,而且对于关注天文学、宇宙学、反射光学之演进以及哲学与科学之历史关系的科学史家来说,都是一部熟悉的作品。它对于地理学思想的研究意义也是值得注意的。该对话试图证明月亮是土质的,它提出并探究了有关地理环境之性质、环境原因之作用,以及各种形态的生命对不同自然条件之适应性的重要观念。在月亮上居住的问题,则被看作是有关人在宇宙中之位置的广泛讨论的一个起点。这一生动且富有想象力的辩论,揭示了该对话的主要目的在于,重审自然设计的概念,而且,谈论中运用了各种各样引人入胜的例子来进行充分的阐述。讨论的结果有助于强调,在饶有兴味地探询地理环境内部之因果关系时,设计论证的重要性,同时也预示了对于自然目的论解释之内在缺陷的现代批评。

引言

尽管普鲁塔克素有兴趣极为广泛的多产作家之声望,但他一般不被列入对地理学的发展做出重要贡献的古代学者的名录之中。著名的《对比列传》中呈现出来的亲切且多逸闻趣事的文风,使他成为对于编史家们而言虽可望不可即却又至关重要的资料来源,但他的更为知名的作品中的地理学内容,却没能充分吸引地理学者们的关注。不过,在《伦语》(*Moralia*)这一部关于古物研究、文学、哲学以及修辞学的极为多样的作品集中,《论月面》(De facie quae in orbe lunae apparet)是一篇不同凡响的对话。① 该对话的戏剧时间是公元75年后的某个时候,②该文是公元一世纪时科学与哲学的复杂混合体,并结合了对更早期观念的睿智思索和评估,高潮部分是一个集中讲述死后灵魂命运的柏拉图式神话。发言者重新审视了当时所能知道的关于月亮性质以及月亮与地球和其他天体之关系的知识。这转而引出了月亮上存在生命的可能性问题,以及如果月亮上没有居民,那么是否可以说月亮是有目的的问题。谈话在环境原因(尤其是植物的适应性和各种形态的生命在不同环境下的潜能)、人与自然的相互关系以及宇宙的结构和秩序这些基本议题上提出了一些诱人的思想。普遍认为《论月面》在天文学史上具有极大的价值,它前承阿里斯塔尔库斯和希帕尔库斯的理论,后启哥白尼和伽利略的发现。开普勒称,这篇对话是"古人遗留给我们的关于地球卫星的最有价值的讨论"。③ 德雷尔(Dreyer)在其《天文学史》(History of Astronomy)中认为《论月面》代表了古代月亮天文学的高峰。④ 桑勃斯基(Sambursky)则指出,《论月面》可以被视为天

---

① 本文采用洛布古典丛书的标准版本,附有译文、解说和注释,见 H. Cherniss, Plutarch's Moralia vol. 12, London and Cambridge, 1957, 页223。

② Cherniss, Plutarch's Moralia vol. 12, 前揭, 页12; F. H. Sandbach, "The date of the eclipse in Plutarch's De facie", 见 Class. Q. 1929, 23:15 – 16. 戏剧时间与创作时间可能不一致。

③ Keppler, Somnium, seu opus posthumum de astronomia lunari, divulgatum à M. Ludovico Kepplero filio, Zagan, Silesia, and Frankfurt, 1634, 注2;受《论月面》中神话的启发,开普勒的 Somnium 将科学与鬼神学结合起来,借助一种月亮想象来提出对以太阳为中心的宇宙的通俗解释。亦见 "Plutarchi Philosophi Chaeronensis: Libellus de facie, quae in orbe lunae apparet", 见 C. Frisch 编, Joannis Kepleri astronomi opera omnia, Frankfurt – am – Main, 1870, vol. 8(1), 页76 – 123;亦见 R. Schmertosch, "Keppler zu Plutarchs Schrift 'Vom Gesicht im Monde'", 见 Philologisch – historische Beiträge Curt Wachsmuth zum sechzigsten Geburtstag überreicht, Leipzig, 1897, 页52 – 55; R. Pixis, Kepler als Geograph, eine historisch – geographische Abhandlung, Munich, 1899; M. Caspar, Kepler, C. D. Hellman 译, London and New York, 1959, 页351 – 353。

④ J. L. E. Dreyer, A History of astronomy from Tales to Kepler, New York, 1953(1906年第一版), 页189。

体物理学的第一部著作。① 而当迪昂(Duhem)在他的《宇宙体系》(*Système du monde*)中称赞《论月面》是一部天才之作时,《论月面》对于物理学、反射光学以及宇宙学的意义也已得到确证。② 然而,尽管洪堡(Humboldt)给予过热情的评价,③该对话还没有引起地理学者们的应有关注;事实上,一些对古典地理学的权威性的全面研究并没有提到它。④

《论月面》的结构

该对话的结构是复杂的,但三个主要部分可以辨识出来。⑤ 拉姆普里亚斯(Lamprias)是对话的引导者和叙述者,他首先讲述了一次谈话,内容是对一次更早的讨论的报告,谈论的是月亮所呈现出的面容。⑥ 这一摘要,连同在讲述中由它所引起的中断和评论,构成了该对话的第一部分或科学部分。对话的参与者包括拉姆普里亚斯自己,他代表对廊下派的强烈批评者;阿波罗尼德斯(Apollonides),是几何学家(他可能被认为对天文学感兴趣);亚里士多德,他提出了逍遥学派关于天体的正统理论;法尔纳克斯(Pharnaces),是廊下派人物;卢修斯(Lucius)(也许是毕达哥拉斯派人物摩

---

① S. Sambursky, *The physical world of the Greeks*, M. Dagut 译, London, 1956, 页 205。

② P. Duhem, *Le système du monde: histoire des doctrines cosmologiques de Platon à Copernic*, Paris, 1914, vol. 2, 页 360。

③ A. von Humboldt, *Cosmos: a sketch of physical description of the universe*, E. C. Ottè 和 B. H. Paul 译, London, 1852, vol. 4, 页 488。

④ E. H. Bunbury, *A history of ancient geography among the Greeks and Romans from the earliest ages till the fall of the Roman empire*, 1883, 2 卷; H. F. Tozer, *A history of ancient geography*, Cambridge, 1897)。例外的是 E. Ebner, *Geographische Hinweise und Anklänge in Plutarchs Schrift: De facie in orbe lunae*, Munich, 1906。

⑤ 对《论月面》结构最清晰的描述见于 Cherniss, *Plutarch's Moralia*, vol. 12, 前揭, 页 2-33。

⑥ 对话的开头已佚失, 有人提出, 有两次更早的讨论: 一次讲演和一次由其促成但与之分开的争论, 对话中回顾的是后一事件。H. Martin, "Plutarch's De facie: the recapitulations and the lost beginning", 见 *Greek, Rom. Byz. Stud.* 1974, 15: 73-88。

德拉图斯〔Moderatus〕的学生);忒翁(Theon)是文学权威;墨涅劳斯(Menelaus)是数学家,他没有发言。第一个发言人是苏拉(Sulla),他是迦太基人,我们得知他答应讲述他的"神话",以报答对上文所提及之讨论的报告。"科学"部分之后接着一个简短的过渡段落,忒翁以"轻松消遣"的形式提出了月亮的可居性问题,而拉姆普里亚斯对之做出了回应。在这第二部分之后,对话以苏拉的神话结尾,该神话是以苏拉自己的口吻来讲述的。这第三部分由两个小节组成:第一小节是引言,苏拉在其中讲述了一个无名的陌生人如何描述一次前往克洛诺斯岛的神秘之旅;第二小节是一个末世论神话,这个陌生人是从克洛诺斯的侍从和仆人那里听说了该神话。该神话为对话提供了高潮,它描述了月亮作为死后灵魂居住地的功能,从而建构了月亮在宇宙中的目的。

《论月面》的科学内容

尽管《论月面》折衷混合了理性探究与谨慎想象,但它具有内在的一致性,这种一致性对于其科学和哲学结论的推演和呈现是必要的。它在地理学上的重要性,最终源自这些结论的综合,但对话的全部三个部分都包含了与地理学有关的丰富细节和观念。第一部分的核心命题是:月亮是陆地星球,具有类似地球的固体结构;它并非如廊下派和亚里士多德所认为的,是阴燃的火和浑浊气体的混合物,不是由一种比土、水、火和气四元素更高级的特殊物质构成的轻飘或发光的星体。① 这一命题由于其非正统性而令人吃惊;它在过去的几个世纪里极少被提及,在过去的更多世纪里也没有被重新

---

① *De Facie*,921e,922a,925b-c。H. Görgemanns 的 *Untersuchungen zu Plutarchs Dialog De facie in orbe lunae*(Heidelberg,1970)是少有的几部集中讨论该对话科学部分的著作之一。该书对该对话科学部分进行了细致而敏锐的全面考察。

提出来。它提出了大量令人瞩目的证据来支持该命题。月亮中的"形象"既非视觉疾病,也不是我们地球和大洋的一个映象,如同镜中的映象。① 月亮斑纹不是变黑的气体——这些气体覆盖在被熏黑、烧焦而且有污迹的廊下派燃烧物的表面。不存在迫使月亮处于一个"自然位置"(在上的位置),或进行"自然运动"(以圆周形式)的"第五元素"。亚里士多德的"自然位置"理论被视为通往真理之路的一个障碍,尤其是他对地球位于宇宙中心的基本但却未经证明的假设。无限没有中心,无限宇宙的概念与地球中心的假设不可调和;有趣的是普鲁塔克不经意地提到阿里斯塔尔库斯的观点:绕自身中轴转动的地球实际上是绕着太阳运行的。至于月亮的"自然"位置,为什么它不应是独立自主的,而其位置和运动应交由神意安排? 不用担心它会撞向地球,因为它不会掉下来,它的运动就像投石器扔出的投射物沿一个圆周打转。② 作为陆地星球(an earth),月亮是美丽、尊贵和优雅的;而如果它是一颗星星(star)的话,那就会是黯淡而迟缓的,缺乏活力而且畸形,有辱其名号。月亮按照月相反射太阳光,而且能够在日食之时遮蔽太阳光,这些都证明了月亮的固体性。月食时月亮呈现出来的颜色不是它自身的颜色,因为这种颜色随着月食的变化而变化。③ (日食和月食的原因都得到清楚的解释。)阴燃的颜色"确切地说是萦绕在阴影周围并穿透阴影的光线的混合或残迹",大面积遮光物引起的反射效果,类似于在一个陆地湖泊周围可以看见的颜色。④ (这一解释在那个时代非常先进,而且是接近真相的。对于迷信之人十分可怕的"血红、黑色以及

---

① *De Facie*,920c – 921f;亦见 Cherniss,*Plutarch's Moralia* vol. 12,前揭,页 40;洪堡记载他惊讶地听一位"很有学识的波斯人"断言,月亮的斑纹是地球的映象。见 Humboldt,*Cosmos:a sketch of physical description of the universe*,前揭,页 490。

② *De Facie*,924d – 926c,928f,923a – d;J. O. Thomson,*History of ancient geography*,Cambridge,1948,页 330 对该对话的这一部分有一个简要总结。

③ *De Facie*,929a – 931b,932d – e,934c;亦见 D. O'Brien,"Derived light and eclipses in the fifth century",见 J. Hell. Stud. 1968,88:114 – 127。

④ *De Facie*,934d – e,935a – b。

其他阴郁的颜色"①,其成因是一定量的阳光穿越大气层的不同层次时造成的折射。② 但是直到十六世纪,甚至更晚,这一发光现象还被当作月亮自己发光的证据。③)虽然月亮比地球小,大约只有地球的三分之一大小,但月食之时,地球弯曲的阴影投射在月亮上,证明地球是球形的。月亮表面为深坑沟壑所切割,这些深坑沟壑不用非常巨大就能够投射长长的阴影,并将一个不连贯的映像发送到地球;很显然,月亮所接收的大部分太阳光都被发散出去了,而其光和热也丧失了。④ 因此,月亮地貌特点所引起的反射是对月亮"面容"的正确解释。

对话的"科学"部分——该部分集中讨论被报告的谈话——以此为结。它所提出的观念的范围是超乎寻常的,这特别是由于普鲁塔克无意将其写成专题论文。⑤ 不过,《论月面》的这一部分是普鲁塔克真正科学独创的例证,它巧妙地支持了普鲁塔克的论点,即天文学是给予人类最大乐趣的东西之一。⑥ 在该对话中,天文学内容与地理学问题密切相关,这是强调地球与天(the heavens)的相互关系的结果。该对话说明了天文学知识的积累对于早期地理学发展所具有的巨大促进作用,这些天文学知识确定了关于地球位置和性质的基本事实。麦金德爵士(Sir Halford Mackinder)在一篇探讨"天文学革命"对于地理学的重大意义的讲演中提出,一旦天文学革命

---

① Dio Cassius,64 11;亦见 Plutarch,*Nicias*,23;Seneca,*Nat. Quaest.* ,7. 27. 1。

② J. F. W. Herschel,*Outlines of astronomy*,London,1858,页 275 – 278;Humboldt,*Cosmos:a sketch of physical description of the universe*,前揭,页 484 – 485。

③ 这个观点甚至为赫舍尔(William Herschel,公元 1732 – 1822)所接受:见 Pixis,*Kepler als Geograph*,前揭,页 133。

④ *De Facie*,934d – e,935a – b。

⑤ 见 Cherniss,*Plutarch's Moralia* vol. 12,前揭,页 19 – 20,他注意到阿拉伯天文学家海罕(Ibn Al – Haitham,公元 965 – 1039);亦见 Ebner,*Geographische Hinweise und Anklänge in Plutarchs Schrift,de facie in orbe*,前揭,第 21 页以下;A. O. Prickard,*Plutarch on the face which appears on the orb of the moon*,Winchester and London,1906,页 9 – 16。

⑥ Plutarch,*Non Posse Suaviter Vivi*,1093d – e;亦见 F. E. Brenk,*In mist apparelled:religious themes in* Plutarch's *Moralia and Lives*,Leiden,1977,页 38、136(注 28)。

将人类的家园带回这样的现实之中,即这个旋转的球形大地是一颗并非宇宙中心的行星,地理环境内的因果关系就能得到适当的研究;进而言之,直到实现了这一点,天文学才专门研究天,而将地球留给地理学。① 意味深长的是,月亮是和我们的地球一样的陆地星球,这一观点在《论月面》中一经确定,月亮上的生活环境问题就被提出来了,该问题转而引发了许多关于环境和生命的基本地理学问题。

目的论与环境理论

忒翁提出月亮上生命存在的可能性问题——他将此当作对月亮是陆地星球理论的一种目的论的尖刻检验——从而开启了对话的第二部分:

> 如果[在月亮上生活]不可能,那么关于月亮是一个陆地星球的断言本身就荒谬,因为她要是既不能生出果实,也不为人类提供某种起源、住所以及生活的手段,她的存在看来就没有价值、没有目的,而这些是我们这个地球形成的目的,正如柏拉图所说:"[地球是]我们的养育者,昼夜的精准卫士和制造者。"②

忒翁继续列举出有助于排除月亮上生命存在的环境阻碍因素。首先,人类如何出现在月亮上,更不用说在那里逗留?他们为何没有被月亮的复杂运动卷走,或者被每年必须经受的十二个夏天烤成灰烬?高温且稀薄的大气使得风、云、雨都不可能形成,因此植物无法生长。

---

① H. J. Mackinder,"*The music of the spheres*",见 *Proc. R. phil. Soc. Glasg.* 1938,63:170–181。

② *De Facie*,937d–e;对柏拉图的引用出自 *Timaeus*,40b–c。

忒翁的发言只是想作为一种"消遣",但它提出了一些关键性的形而上学和有关环境的问题。拉姆普里亚斯对此做了细致的回应;他否认如果人类不能居住在那里,月亮就没有目的;毕竟,我们地球上的许多地方也是不可居住的:

> 即使月亮上无人居住,她的形成也并不必然是徒劳无目的的,因为我们知道,我们的这个地球也不是所有地方都是富饶和可居住的,而只有一小部分地区盛产动植物,也就是山顶,以及从海里升起的半岛,而其他的一些地方则荒芜贫瘠,冬天有风暴,夏天是干旱,还有大部分地区被淹没在海底。……但是,这些地方的形成绝不是没有任何目的的。大海释放出柔和的发散物,当夏天的炎热达到顶峰时,无人居住的和冰冻的地区通过逐渐融化的雪释放并发散出最令人愉悦的风。①

同样道理,缺乏生命的月亮仍然可以完成许多"有用的"功能,它可以从地球那里吸收发散物,可以减弱太阳的酷热。而且,拉姆普里亚斯继续说道,还没有什么东西能够证明所谓的月亮可居性是不可能的。月亮的运动也许是复杂的,但未必是不规则或混乱的:与之相反,天文学家们已证实了其绝妙的秩序和协调的进程。一种类似的平衡无疑调节了极端的温度,稀薄而透明的大气发散了太阳光。至于植物,地球上就生活着许多不需要雨水的植物,它们成功地适应了高温、干旱以及稀薄的空气。通过利用泰奥弗拉斯托斯(Theophrastus)的植物学研究,②普鲁塔克让拉姆普里亚斯描述了能够灵敏适应极端环境的植物,而且引证了某些物种,它们能够根据它们所遇到的各种不同区域的气候和土壤情况,而显示出不同的特

---

① *De Facie*,938c – e;Aristotle,*Meteorology*,364a. 5 – 13 和 Theophrastus,*De ventis*,11 都提到来自冰冻地带和炎热地带的微风。

② 泰奥弗拉斯托斯(约公元前 370 – 前 287)是亚里士多德的学生,植物学上的一些值得注意的发展归功于他,他区分了单子叶植物与双子叶植物,研究了土壤和气候对植物的影响,将野生和人工栽培的植物区别开,而且做了一个类似关于植物带的陈述。

征,并具备多样化的天然必要条件。① 被称作"爱的修复者"的植物,垂挂起来也能茁壮成长,②百里香喜欢干旱,③露水虽然使一些植物枯萎,却也能在缺乏雨水的时候为其他一些植物提供养分;④在大洋深处,数量巨大的植物茂盛地生长。⑤ 月亮上为什么不应有具备类似适应性的植物呢,尤其是月亮被认为"在气质上并非炽热或干燥,而是柔和且潮湿"的?⑥ 她起到一种湿润的具有女性气质的作用,使太阳的高温柔和、液化,使其变得凉快,从而将空气转变为露水,并且影响植物的生长,⑦使肉类腐烂,⑧使酒变酸走味,使木材软化,⑨使婴儿容易出生,⑩使大海涨潮。⑪ 简而言之:

---

① 比较 Theophrastus, *Historia plantarum*, 6.6.3。
② Pliny, *Nat. Hist.*, 24.102(167):(Sedum anacampseros?)。
③ Theophrastus, *De causis plantarum*, 3.1.3 – 6。
④ Theophrastus, *De Causis Plant.*, 6.18.10; *Hist. Plant.*, 4.3.7, 8.6.6。
⑤ Theophrastus, *Hist. Plant.*, 4.6 – 7; Pliny, *Nat. Hist.*, 13.50 – 2(139 – 142)。
⑥ *De Facie*, 939f;这个观念在古代很普遍: Aristotle, *Historia animalium*, 582a.34 – b.3; Virgil, *Georgics*; Pliny, *Nat. Hist.*, 2.102(221 – 2); Plutarch, *De Iside*, 376d; *Quaest. Conviv.*, 659b; *Quaest. Nat.*, 918a; Macrobius, *Saturnalia*, 7.16.25 – 32。全面分析见 C. Préaux, *La lune dans la pensée grecque*, Brussels, 1973, 页 7, 64 – 155, 尤其是页 128 – 135。这个观念在更后的时期中也一直存在: Bartholomaeus Anglicus, *De proprietatibus rerum*, 8.17; 亦见 Milton, *Paradise*, 5.422 – 5 和 Shakespeare, *Love's L. L.*, 4.3.30 – 3; *Rom. and Jul.*, 1.4.62; *Mid. N. D*, 2.1.104;亦见 P. Saintyves(托名), *L'Astrologie populaire étudiée spécialement dans les doctrines et les traditions relatives à l'influence de la lune; essai sur la méthode dans l'étude du folklore des opinions et des croyances*, Paris, 1937。
⑦ Plutarch, *De Iside*, 353f, 367d; 比较 Cicero, *De natura deorum*, 2.50; Athenaeus, *Deipnosophistae*, 3.74c。
⑧ Plutarch, *Quaest. Conviv.*, 657f; Pliny, *Nat. Hist.*, 2.104(223)。
⑨ Theophrastus, *Hist. Plant.*, 5.1.3。
⑩ Cicero, *De Nat. Deorum*, 2.119。
⑪ Cicero, *De Nat. Deorum*, 2.19; *De divinatione*, 2.33 – 4。追随波希多尼的斯特拉波(54 – 5, 173)概括性地讲述了月亮的影响问题: Thomson, *Hist. of Ancient Geography*, 前揭,页 205, 211 – 12; C. J. Glacken, *Traces on the Rhodian shore; nature and culture in western thought from ancient times to the end of the eighteenth century*, Berkeley and Los Angeles, 1967, 页 53 – 54。

因此,相信月亮是一个灼热的燃烧物的人搞错了;而那些要求月亮上的生物在生殖、营养和生活上所具有的能力都与这里的生物完全一样的人,看来是无视自然的多样性。在自然中,我们会发现,在生物之间比在生物与非生物的物体之间有更多更大的区别。①

月亮上的人也许与我们不同,只需要非常少的食物;月亮上的环境同样可以非常适合他们,就像看起来不适合一片荒凉的大海供养了各种生命。月亮上的人们:

> 眺望宇宙的沉积物和残渣时,会对地球感到更加好奇,它就像一个在湿气、薄雾和云中是隐约可见的不发光的、在低处而且静止不动的斑点,他们会惊奇于它生成并滋养了能够运动、呼吸且身体温暖的动物。②

这是告诫他的听众:不要将地球上的生命类型当作样板来评估或预言作为一个整体的宇宙中的生命。拉姆普里亚斯的发言以此为结。

这一在对话中间的相对简短的过渡段落,虽然是以"消遣"的态度开始的,但在许多方面都是该作品最有意思的部分,而且具有比单纯的文学设计重要得多的地位。它使用了有关环境关系的有趣材料,来作为评价人类在宇宙中的中心位置的一种手段,由此最终引出了关于终极因的形而上学问题。③ 拉姆普里亚斯对于陆地星球的总数和复杂性抱着一种积极的喜悦态度,他的眼光超越了对适宜人类居住之处的限制,陶醉于生命品质的多样性。他的植物学描述,将细致的观察与对植物适应性和顺应力的正确评价结合起来,

---

① *De Facie*,940b;比较 Aristotle,*De Gen. Animal.* ,761b. 21 – 23。

② *De Facie*,940e。

③ Cherniss,*Plutarch's Moralia* vol. 12, 前揭, 页 17;亦见在其他方面不可靠的 P. Raingeard, *Le περι του προσωπου de Plutarque : texte critique avec traduction et commentaire*, Chartres,1934,页 134。

而且他的有关月亮上生命的意见相当合理。现代读者可能会觉得，拉姆普里亚斯所列举的月亮对地球生命的那些影响很搞笑，但是考虑到不难明白为什么会设想月亮的气质与干燥而炽热的太阳相反，即是潮湿而液化的，他所给出的例子是合乎逻辑的；有一部分例子的科学根据后来得到了证实，而另一些例子没有被证明为误。[①] 它们并非本来就是荒诞不经的。达尔文本人就对月亮循环周期与月经之间的对应性很感兴趣。而且，在研究地理环境各要素之间的因果关联时，将推理与直觉和想象结合起来使用，代表了一种后来对地理学有着重大意义的思想模式。拉姆普里亚斯没有暗示这些因果性影响一定是直接起作用的；事实上，月亮对于潮汐活动、露水的形成以及植物生长都显示出次级影响。此外，现代物理科学的经验主义方法在因果关系领域持续地留下了许多未发现和未解的问题。《论月面》的这一部分在这些方面都为小心谨慎、冷峻客观的归纳法提供了一份提神的解毒剂。[②] 回想一下伽利略的故事是合适的。为了保持和满足理性思想的标准和要求，以及为了远离迷信，伽利略走得太远，以致拒斥月亮影响潮汐的可能性![③] 但普鲁塔克与他的很多同时代人不同，他经受住了诱惑，拒绝将他所提出的影响延伸到占星术领域：他嘲弄了占星术和那些对蚀之类自然现象持迷信看法的人。[④]

[①] 见 R. Eisler, *The royal of astrology*, London, 1946, 页 138–45; E. A. Kolisko, *The moon and the growth of plants*, M. Pease 和 C. A. Mirbt 译, Bray-on-Thames, 1936; Humboldt, *Cosmos: a sketch of physical description of the universe*, 前揭, 页 499–502 和 A. von Humboldt, "The nocturnal life of animals in the primeval forest", 见 *Aspects of nature, in different lands and different climates: with scientific elucidations* 卷 1, Mrs. Sabine 译, London, 1849, 页 257–275, 尤其是页 270。

[②] P. B. Medawar, *Induction and intuition in scientific thought*, Philadelphia and London, 1969。

[③] G. Sarton, "Lunar influences on living things", 见 *Isis*, 1939, 30:495–507. 页 497。

[④] Plutarch, *Romulus*, 12; *Nicias*, 23; *Pericles*, 6, 35; Brenk, *In mist apparelled: religious themes in Plutarch's Moralia and Lives*, 前揭, 页 41 以下; L. Thorndike, *A history of magic and experimental science during the first thirteen centuries of our era*, New York, 1923, vol. 1, 页 203 以下。

拉姆普里亚斯对地球"无用"区域的评价展示了一种与众不同的眼界广度,同时也表明普鲁塔克对地球未开发区域的敬意,以及对动植物的同情,这些情感与他对自然整体的把握有着密切关系。① 他辩称环境是有欺骗性的,而且,为了避免对环境做出错误臆断——这种错误臆断源于自我中心的扭曲态度——一定程度的想象是必须的。他的辩解恢复了对感悟性研究的现代关注。虽然《论月面》根本上是对设计法则的一种探索和辩护,但这种目的论至少开放地面向并非彻底或直接之人类中心论的检验和思考:大海和荒漠中的生命自有其价值,虽然它们对人类有着细微的意义。② 卢克莱修在其对目的论的伊壁鸠鲁式反驳中,提出了一系列证据来证明:即便有一个造物主,他也不会为了人类而进行创造。他坚持认为地球是不完美的:它的大片地区——荒漠、高寒区域以及沼泽——不为人所知,而不可否认的是,动物们比人类更能适应自然得多。③ 普鲁塔克展示了生命出现在不太可能出现的地方的事实,而且断定地球上不可居住的部分对于整体是必要的,这些部分对有人居住的区域施加了有益影响,他以此直接面对挑战。通过正确评

---

① 关于普鲁塔克与动物,见 Plutarch, *De Sollertia Animalium*, 尤其是 965a – b; R. H. Barrow, Plutarch*and his times*, London, 1967, 页 113 – 114; M. Schuster, *Untersuchungen zu*Plutarch*s Dialog De Sollertia animalium mit besonderer Berücksichtigung der Lehrtätigkeit* Plutarchs, Augsburg, 1917. 关于荒野,见 Glacken, *Traces on the Rhodian shore: nature and culture in western thought from ancient times to the end of the eighteenth century*, 前揭; M. H. Nicolson, *Mountain gloom and mountain glory: the development of the aesthetics of the infinite*, Ithica, New York, 1959。

② 设计与人类中心的目的论并不一定是同义的:基督教思想对于将人视为一个设计好的世界的存在理由(raison d'être)发挥了相当大的作用,将"有用的"和"有用性"之类的词语排他性地与人类立场关联起来; 见 W. Paley, *Natural theology; or, evidences of the existence and attributes of the deity, collected from the appearances of nature*, London, 1802; 亦见 L. E. Hicks, *A critique of design – argument, a historical review and free from examination of the methods of reasoning in natural theology*, New York, 1883。

③ Lucretius, *De rerum natura*, 5.195 以下; Glacken, *Traces on the Rhodian shore: nature and culture in western thought from ancient times to the end of the eighteenth century*, 前揭, 页 69。

价地理环境内部的相互关系,他能够拒斥这样的观念,即把可居性当作证明一个地方"有用"的证据(以及当作对月亮是否陆地星球的终极检验)。这使他与那些轻率地将大海和高山视为无用和可怕之地而置之不理的人有所不同。在其对目的论的辩护中,《论月面》为设计与环境理论相结合的地理学提供了一个有建设性意义的例证。有意思的是,我们也注意到,在今天,目的论问题在自然科学——尤其是生命科学——的某些关键性思想范式中仍然存在。相互依赖的自然力组织状态不仅复杂而且看起来受到有意识的控制,这些组织状态的功能和目的问题,被系统思想(特别是生态系统),例如,由设计和世界和谐观念所导致的功能主义的后达尔文式派生学说,不可避免地提出来了。整体的目的论是否能够被还原为其各个部分的可作机械论解释的行为,以及对现象的纯粹机械论解释是否可能,这些都是仍然有争议的问题。普鲁塔克自己特意强调:原因(causation)与道理(reason)不是同义词,根据有效理由去解释一个事情,并不消除理解其内涵的必要。

《论月面》与自然神学

普鲁塔克关于环境的意见为十七和十八世纪的自然神学家所吸收。对环境和生命的关注使他的影响超过了那些简单地断言"自然从无徒然无用之物"的人,[①]或者那些断言宇宙的所有特性都是为人类事务——要么是为了人类的身体健康,要么是为了人类的道德磨炼——准备好的人。十二世纪"科学人"尼卡姆(Alexander Neckam)提供了一个与后者相对应的例子,他认为月亮斑点(spots)

---

① Aristotle,*De Caelo*,271a. 34,291b. 14;Plato,*Timaeus*;Cicero,*De Nat. Deorum*;秩序必须被证实,而不是假定——不是任何事物都有明确目的:Theophrastus,*Metaphysics*,27 – 34。亦见 L. Spitzer,"*Classical and Christian ideas of world harmony:prolegomena to an interpretation of the word 'stimmung'*",见 *Traditio*,1944 – 1945,2:409 – 464,3:307 – 364。

是上帝造来启示人类的,作为一种标记,人的本性中也保留了污点(spots),这些污点是我们的"第一对祖先的谎话"所招致的。① 十七世纪时,关注的焦点逐步离开人类,因而在设计研究中强调的重点不再单纯是功用,而是扩展为接受自然的复杂性。② 随着环境关系研究逐步取代了哲学家对人类中心说的关注——哲学家们对自然一窍不通,以至于没有他们对"有用性"发表高论的份了——争论点回到了普鲁塔克在《论月面》中提出的问题,他提供的主题再次得到审视。③ 普鲁塔克对海洋的辩解得到开尔(John Keill)的呼应,他指责以为大海占据了地球太多空间的信条,认为这种信条显示出对自然哲学的愚昧无知:如果海洋减少了,降雨就会减小,河流就会遭殃。④ 山岳对于水循环也是至关重要的,而且,正如德厄姆(William Derham)所写到的,山岳并不是一种混乱的错误,而"诚然是我们地球的一个高贵、有益且必要的部分"。⑤ 约翰·雷(John Ray)在其书《创世作品所显明的上帝智慧》(*The wisdom of God manifested in*

---

① A. Neckam(约1180年),*De naturis rerum*,1.14;尼卡姆还记载了一个流行观念:"月亮中的人"是背着一堆荆棘的乡巴佬,他们是因为在安息日拾薪柴而被判罚到月亮上的。亦见 *Numbers*,15.32 以下;R. Pecock(约1449年),*The repressor of over much blaming of the clergy*,2.4;R. Henryson(? -1492),*Testament of Cresseid*,页261-263;T. Dekker,*Lanthorne and candle-light*;*or the bell-man's second night-walke*(London,1609)8;亦见Shakespeare,*Mid. N. D.*,3.1.63-6,*Temp.*,2.2.149-152。

② Glacken,*Traces on the Rhodian shore:nature and culture in western thought from ancient times to the end of the eighteenth century*,前揭,页423。

③ J. Keill,*An examination of Dr. Burnet's theory of the earth,together with some remarks on Mr. Whiston's new theory of the earth*,Oxford,1698;W. Wollaston,*The religion of nature delineated*,无出版地,1722,页61。

④ J. Keill,*An examination of Dr. Burnet's theory of the earth,together with some remarks on Mr. Whiston's new theory of the earth*,前揭,页92-93;比较 Plutarch(托名?),*Aquae an ignis utilior*,957a;亦见 Glacken,*Traces on the Rhodian shore:nature and culture in western thought from ancient times to the end of the eighteenth century*,前揭,页412以下。

⑤ W. Derham,*Physico-theology;or,a demonstration of the being and attributes of God,from his works of creation*,London,1713,页71;Keill,*An examination of Dr. Burnet's theory of the earth,together with some remarks on Mr. Whiston's new theory of the earth*,前揭,页55-58。

the works of the Creation)(1691)中用一段话专门为月亮是一个有用物体进行辩护,并且摆出一系列论据,这些论据与拉姆普里亚斯所提出的惊人相似。除了调节大海从而有助于航海之外,月亮还使冬天的夜晚变得更好,而且,"它被认为施加于一切潮湿天体(Bodies)的巨大影响"有助于促进植物生长,同时,月食可以用来"纠正历史学家们很多年前记错的东西"。简而言之:

> 月亮,很可能是一个与我们所生活于其上的地球颇为相似的天体,它的持续而有规则的运动帮助我们划分时间,将太阳的光线反射给我们,而且〔照亮了〕天空……这个发光天体确实没有其他目的和作用,虽然有人劝我相信它有许多目的和作用,尤其是供养那些极有可能生活在那里的生物。尽管如此,有足够理由表明它是神圣智慧和力量的效果和产物。①

就当前文脉而言,这些著述中最有意思的是威尔金斯(John Wilkins,1614 – 1672)撰写的一部作品,该书实际上将《论月面》当作其主题,并对《论月面》中的观点进行了详细探讨。威尔金斯是一个业余科学家,他享受作为一个教士、政治家和学者的忙碌生活;1638 年,他出版了一部著作,该书有若干版本,题名均是"一个新世界的发现,或者一篇侧重证明月亮可能是另一个可居世界的讲演"(*A discovery of a new world, or, a discourse tending to prove, that 'tis probable there may be another habitable world in the moon*)。威尔金斯对月亮物理特征的描述很大程度上依赖《论月面》的第一部分内容,而且他改进并扩充了普鲁塔克的一些评述,最显著的是那些关于月食时月亮颜色的说法。② 在讨论过程中,他不遗余力地论证了

---

① J. Ray, *The wisdom of God manifested in the works of the Creation*, London, 1691, 页 48 – 51。

② J. Wilkins, *A discovery of a new world, or, a discourse tending to prove, that 'tis probable there may be another habitable world in the moon*, London, 1684(1638 年初版), 页 46 – 47、57 – 59。威尔金斯可能受了 F. Godwin, *The man in the moone*…(London, 1638)的启发。

不适合居住区域的价值:

> 虽然有一些人以为山岳是地球的一种畸形,似乎山岳要么是被洪水聚集起来的,要么就像创世时遗留下的许多成堆的垃圾聚在一起,然而,如果仔细思考的话,就会发现,它们和地球上的其他任何部分一样,对于世界的美丽和便利是非常有益的。(普林尼说过)自然特意设计了它们,是为了许多极好的用途……①

威尔金斯断言,既然"这些被制造出来的高山并非无用",那么月亮上就很可能有人居住,而且为了设想生物可以在那里存在,他提出了一些理由,虽然他采纳了一个使人回想起忒翁的立场(即月亮的可居性是其美丽和有用性的一个必要条件),这是一种倒退。然而,当说到月亮居民的性质时,威尔金斯的思索突然中断了:他发现不可能回答诸如以下这样的问题:

> 他们是否亚当的子孙,他们是否圣洁——否则他们以什么方式获得救赎呢?我应该主动忽略其他许多此类未知的疑问,让那些有更多闲暇和学问的人去探究这样的细节……我自己不敢断言这些月亮人(selenites)的任何事情,因为我不知道在什么样的基础上去建构任何可能的观点。②

拉姆普里亚斯在其发言结尾处说到的正是关于月亮居民的同样棘手的问题,而且,这个问题转而促成了苏拉的插话和《论月面》第二部分的突然终结。

---

① J. Wilkins, *A discovery of a new world, or, a discourse tending to prove, that 'tis probable there may be another habitable world in the moon*, 前揭,页90。按照威尔金斯的说法,山岳对于人类的基本用途之一是作为"逃避他人暴行和压迫的静居之处",前引书,页91。

② J. Wilkins, *A discovery of a new world, or, a discourse tending to prove, that 'tis probable there may be another habitable world in the moon*, 前揭,页142-143、155。威尔金斯盼望有朝一日人类到距离地球179,712英里的月亮旅行(页161)。

最后的神话:人类在宇宙中的位置

我们知道,忒翁在对话第一部分结尾处急切地插入对话,不让苏拉开始讲述原本安排好的神话,但在回答忒翁的时候,拉姆普里亚斯无意中提出了那个问题,即关于月亮居民的问题。对此问题,苏拉的神话试图通过以奇幻方式描述月亮在宇宙中的目的来回答。为此,苏拉让拉姆普里亚斯停止发言,然后开始讲述他的神话。他解释道,是一个陌生人告诉他这个神话的,而这个陌生人则是在克洛诺斯的小岛——其中的某一个,位于不列颠西边——上听说了这个神话。越过这些小岛,有一片很大的大陆,这片大陆的河流〔排出的沉积物〕使大西洋淤积,而且每三十年就有特使从这片大陆被派到克洛诺斯岛上。(这段话引起了太多的兴趣,原因在于这"很大的大陆"在现实中就是美洲;尽管地理错综复杂,而且有若干学者做了相当程度的想象,[1]但大多数学者还是追随洪堡的意见,仍然确信这个地理框架完全是神话式的,是对柏拉图《蒂迈欧》中神话的一种模仿。[2])神话的第二部分,即末世论幻想,提出月亮上住着的是

---

[1] *Theatrum orbis terrarum*⋯*Abrahami Ortelii*, Antwerp, 1594, 页 5 用这段话证明古人关于美洲的知识;开普勒(Frisch 编,*Joannis Kepleri astronomi opera omnia*, 前揭) 表示赞同, 还有 W. Christ, *Geschichte der griechischen Litteratur bis auf die Zeit Justinians*, Munich, 1898, 页 662,注 1;G. Mair, "Pytheas' Tanais und die Insel des Kronos in Plutarchs Schreft 'Das Gesicht im Monde'", 见 *Jahresbericht des K. K. Staats-Gymnasiums in Marburg A/D*, 1909,页 3-22;最后是 V. Colvin, *Plutarch and the early travellers to the new world*, London and Brighton, 1970 (1893 年曾以讲稿形式印刷),他声称这些"乐土"无疑是上帝为美洲人留下的"乐土",但他发出告诫,如果它的居民为声色之乐所败,那么这片荣耀的土地将被再次遗忘(页 23)!

[2] A. De Humboldt, *Examen critique de l'histoire de la géographie du nouveau continent*⋯, Paris, 1836, vol. 1, 页 191-206;Ebner, *Geographische Hinweise und Anklänge in Plutarchs Schrift*, *de facie in orbe*, 前揭, 页 65 以下;W. Hamilton, "The myth in Plutarch's De facie〔940f -945d〕", 见 *Class. Q.* 1934,28:24-30;Thomson, *Hist. of Ancient Geography*, 前揭, 页 237-238;Y. Verniere, *Symboles et mythes dans le pensée de Plutarque*, *essai d'interprétation philosophique des Moralia*, Paris, 1977, 页 95、278。

在地球上死后离弃了其身体的灵魂,或者是还没有通过分娩而被赋予尘世肉身的灵魂。在这颗行星上死亡之后,灵魂们在地球和月亮之间的区域(即冥府)游荡;较纯洁的灵魂抵达月亮,虽然那些不纯洁的灵魂在月食发生时努力加入到较纯洁灵魂的队伍中,而且他们能够穿过地球阴影接近较纯洁灵魂,但是他们被人们击打铜器所制造的喧闹声以及"所谓的〔月〕面"——"当他们靠近它的时候,因为它的样子狰狞恐怖"①——吓跑了。有一部分纯洁灵魂由于其在月亮上的不端行为而返回地球,而更好的魂灵(spirits)则经历第二次死亡,在此期间,他们转到月亮朝向天空(乐土)的那一面。地球上的死将灵魂从身体中脱离,而月亮上的死将心智从灵魂中分离,这是由于热爱在太阳中显现出来的超凡、美丽而且圣洁的影像。

  围绕该神话的大量学术论争都是关于普鲁塔克的资料来源问题,以及他的鬼神学和末世论对于新柏拉图主义发展的意义。② 不过,尽管该神话显然完全没有科学上的吸引力,但它是该对话的内在组成部分,而且有助于突显忒翁的发言和拉姆普里亚斯的回答的重要性。它在某种层面上为有关灵魂命运的柏拉图主义信条提供了一个展示的媒介,但它也试图为在《论月面》第二部分所提出的哲学问题提供一种形而上学的回答。③ 与人类在宇宙中的位置相关的最终因问题,在第一部分中是通过概述月亮在宇宙中的目的来解决的,而在第三部分中是通过描述月亮之于人类灵魂的目的来解决的。目的论的这两种形式借助中间的过渡段落而得到调和。④ 结果

---

  ① *De Facie*,944b;对观 Plutarch,*De Genio Socratis*,591c,在该处,月亮自己突然发光并怒吼以避开不纯洁的灵魂。

  ② 一般认为是柏拉图,而不是波希多尼,为普鲁塔克提供了灵感:Cherniss,*Plutarch's Moralia* vol. 12,前揭,页 25 概述了有关文献;亦见 D. Babut,*Plutarque et le Stoîcism*,Paris,1969,页 120 – 132,423 – 430。

  ③ Cherniss,*Plutarch's Moralia* vol. 12,前揭,页 18 在简要的分析中指出,这个形而上学的回答实际上包含在忒翁与拉姆普里亚斯的这一交流中,而该神话仅仅提供了对此回答的一种"诗意修饰"。

  ④ 这是 Görgemanns,*Untersuchungen zu* Plutarchs Dialog *De facie in orbe lunae*(前揭)的论题。

是一种事实与虚构的复杂混合。但必须牢记的是,对月亮性质的纯粹物理学解释不仅是难以获得的,而且对于一个柏拉图主义者来说也是不完整和不充分的。有关月亮之目的的问题——如果认为它是一个陆地星球的话,无论它是否必须可居住——不仅要靠天文学和地理学,而且也要靠超验的形而上学来回答。因此,这整部作品的目标是确立月亮为一个陆地星球的事实;正如威尔金斯所写到的,"你可以看到,普鲁塔克在那部令人愉快的作品中证明了这一点,他恰当地创作该作品就是为了详细证实这一点"。① 苏拉激动地打断拉姆普里亚斯的发言,这其中预示了科学以牺牲目的论为代价推动机械论解释的潜在能力,以及设计论(the design argument)后来将遭遇的一系列哲学、神学和经验论的复杂问题:

> 就在我马上要讲完的时候,苏拉插话进来:"等等,拉姆普里亚斯,等一下再说,免得你无意中把神话搁浅了,浪费了我的剧本。我的剧本有一个不同的背景和安排。"②

现代读者可能会对苏拉就这样成功终止了一次对思想的如此有趣且丰富的陈述而感到泄气,同时会诚心希望该神话真的被适当地阻挠。然而,如果忽视该神话,那么不仅会趋向于一种没有根据的假定,即后来科学的进步成功地回答了忒翁所提出的那类问题或者使之成为多余的问题,而且违背了古代想象力的完整性。尽管已有对物质世界的知识积累,人类依然一心一意寻求在宇宙中的意义,以中世纪无畏的朝圣者的方式为了一睹天堂(heaven)而奋斗(图1)。在普鲁塔克之后的十六世纪从事写作的威尔金斯,竭力思考有关月亮居民问题的方式与《论月面》中的参与者全然相同,而且他乐意这样理解苏拉的末世论,即作为对他所陈述的完全相同的

---

① Wilkins, *A discovery of a new world, or, a discourse tending to prove, that 'tis probable there may be another habitable world in the moon*, 前揭,页 63。

② *De Facie*, 940f。

目的论困境的一种非科学解答。① 《论月面》的价值在于,它在对自然与人之位置的研究中,对目的论之潜力和自我限定的超前论证。该对话贡献了一种对地理环境内相互因果关系的探索,而且颂扬了其生命形式的丰富性、多样性和适应性,这些使得寻求理解地理综合(the geographical synthesis)的人们对它产生了持久的兴趣。而只要地理学研究关心科学与人类价值的贴近性,该形而上学问题就为思想提供了食粮。

图1　天地交界。这幅不明出处的木版画,其主旨是描绘中世纪时的世界观念。它展示了缀有星辰、太阳和月亮(带着面容)的

---

① Wilkins, *A discovery of a new world, or, a discourse tending to prove, that 'tis probable there may be another habitable world in the moon*, 前揭,页 63 和页 148 以下。亦见康德,"Enthalt eine Bergleichung zwischen den Einwohnern der Gestirne",见 *Allgemeine Naturgeschichte und Theorie des Himmels*⋯,Frankfurt and Leipzig,1797(1755 年初版),页 112-29。

天空,这天空将陆地景观与一个配备了非凡机械的乐土分隔开。(图片复制经玛丽·埃文斯[Mary Evans]图片库许可)

本文出处:Transactions of the Institute of British Geographers, New Series,Vol. 8,No. 3(1983).

《论月面》中的神话

汉密尔顿(W. Hamilton)

普鲁塔克在其对话《论神的惩罚的延迟》、《苏格拉底的守护神》以及《论月面》中按其方式置入的神话,是我们考察他对于灵魂之性质和命运的观点的主要资料来源。但在我们使用这一材料重构普鲁塔克的哲学之前,我们必须对以下问题做出某种推断:即普鲁塔克想让这些神话被如何看待?对于在《苏格拉底的守护神》和《论月面》的神话中所表达的,以及在《论神的惩罚的延迟》的神话中所暗示出来的,关于灵魂性质的独特学说,他想要该学说得到认真接受么?有没有什么标准能让我们回答这个问题?本文的目标就是要指出,通过细查《论月面》中神话与柏拉图《蒂迈欧》中神话的关系,发现可以有这样一个标准。

该神话分为两个部分,第一部分为第二部分提供了一个貌似真实的历史构架。这第一部分以迦太基人苏拉的口吻声称在迦太基遇到一个陌生人,这个陌生人来自环绕大洋的大陆。这片大陆的沿岸居民是具有希腊血统的人,他们最崇拜的神祇是赫拉克勒斯和克洛诺斯。在这片大陆与欧洲海岸之间有三座岛屿,克洛诺斯住在其中一座岛屿上,他被禁锢在永久的睡眠之中,由一些半人半神的精灵侍候着,这些精灵是他统治神和人时的伙伴。这片大陆上的希腊人每隔三十年派一个代表团到这个岛上去向这位神致敬,而且每个随行人员都要留在那里,直到后继者来替换他们。这个陌生人就是这种代表团的一个成员,他在服务期限已满后决定访问"大海岛"(the "great island")——这是这些人对我们所在地区的称呼。他旅行穿越了许多地方,而且被介绍参加了许多密仪,但在迦太基待的时间最长,他在那里发现了一些神圣的羊皮纸文稿,还在那里遇到了苏拉,〔于是〕将有关灵魂的学说(即构成该神话本身的学说)告诉了苏拉。

《论月面》中的神话 119

尽管对这整个故事的来源的讨论不在本文的范围之内,这里可能要提到与来源问题有关的两点。第一,M. Adler(*Diss. Philol. Vindob.* 10,1910,页 169)在各种细节之中发现了波希多尼著作的明显痕迹,如克洛诺斯故事,如提及奥吉吉亚岛和不列颠,梅尔海湾(Maeotic gulf)和里海,以及 Sagax sententia(我们称之为大陆的地方实际上是一座岛屿)。在我看来,斯特拉波和更早的普利尼的证据可以排除这个来源。斯特拉波(2.3.5)嘲讽了波希多尼,因为波希多尼相信基济科斯的欧多克索斯(Eudoxus of Cyzicus)发现了可以证明环绕非洲航行的可能性的可靠证据,并断言 διότι ἡ οἰκουμένη κύκλῳ περιρρεῖται τῷ ὠκεανῷ· 'οὐ γὰρ δεσμὸς περιβάλλεται ἠπείροιο, ἀλλ' ἐς ἀπειρεσίην κέχυται· τό μιν οὔτι μιαίνει.'"这些六音步诗句的来源是未知的,但斯特拉波肯定想以这些诗句作为对波希多尼所持见解的一种表述。普林尼(*Nat. Hist.*,6.57)说:Poseidonius ad aestivo solis ortu ad hibernum exortum metatus est eam(sc. Indiam), adversam Galliam statuens,而且,索利努斯(Solinus,第 52 章)重申了这一点,索利努斯说波希多尼:'Hanc(sc. Indiam)adversam Galliae statuit.' 这必定意味着他认为高卢的海岸与印度东海岸相对,正如现在知道日本东海岸与美国西海岸相对。如果他相信有一个位于大西洋另一边的大陆介于其间,他就不可能有这一看法。

第二,与克洛诺斯岛上生活的许多细节相似的描写,可见于对乌托邦的浪漫描写,诸如犹希迈罗斯(Euhemerus,见 Diodorus,5,41-46)、泰奥彭波斯(Theopompus,见 Aelian,*Var. Hist*,3.18)和狄奥多罗斯(见 Diodorus,5,19-20)的乌托邦描写,以及卢奇安的这一类型的滑稽模仿作品。更令人惊讶的是,普鲁塔克的叙述与阿夫季拉的赫卡泰奥斯(Hecataeus of Abdera)对极北乐土之民的记述相似(F. H. G. Müller,2. 386-388)。极北乐土之民生活在一座岛上,这座岛位于一个被含糊地称为 ἡ Κελτική 的地方对面。他们专心服侍阿波罗,就像普鲁塔克笔下的岛民专心服侍克洛诺斯。他们与希腊人,尤其是雅典人和德洛斯人,保持着友好关系,而且有一个惯例,即希腊人访问他们的城邦,并留下刻有希腊字母的贵重礼物。他们中有一个人,即阿巴里斯(Abaris),曾访问希腊,并恢复了与德洛斯的古老关系(对此,比较 A. D. Nock, *C. R.* ,1929,页126)。月亮看起来非常靠近他们的土地,因此可以清楚地看到月亮不平坦的表面。这是狄奥多罗斯所持看法的主旨,而且可以肯定,这个看法没有太过分,以至于将赫卡泰奥斯视为普鲁塔克作品中这一部分的资料来源之一,它也许结合了赫拉克利德斯·本都库斯(Heracleides Ponticus)对阿巴里斯的记述(比较 de aud. *poet.* ,14e)。希腊人访问这个圣洁的民族,而这个圣洁的民族又在一个有历史记载的时期派遣一个人回访,这是两个故事的共同特征,而且普鲁塔克所偏爱的关于月亮斑纹的理论,也作为一个事实为赫卡泰奥斯所提及。异乡人阿巴里斯游历希腊,并做预言(吕库古,残篇85,Blass),而普鲁塔克笔下的异乡人则提供宗教教诲;此外,据泡赛尼亚斯(Pausanias, 3.13.2)说,阿巴里斯在斯巴达发现了一个 Κόρη σώτειρα 神庙,而普鲁塔克笔下的异乡人教诲苏拉的要旨是人类应该更加崇敬月亮,其名字既是 Φερσεφόνη〔珀耳塞福涅〕,也是 Κόρη〔科拉〕。①

就我目前的目标而言,我只关心它与柏拉图的大西岛故事的关联。这一关联十分密切,因而不会是偶然的,而且,普鲁塔克显然模仿了《蒂迈欧》。我认为通过以下思考,这些都可以成立。

首先,普鲁塔克的整个故事都有赖于对西方大陆的假定,而且,不仅是这片大陆,他对居间岛屿的描述也〔与柏拉图〕十分相似。在柏拉图那里是这样写的:

> 在那个遥远的时代,大西洋是可以航行的。因为在那海峡——你的同胞告诉我你们称这海峡为"赫拉克勒斯之柱"——之外有一座岛屿。这座岛屿比利比亚和亚洲加起来还要大,那时的航海家可以从这座岛屿再到其他岛屿上,并从那

---

① 此两点说明原为注释。

里前行到对面的整个大陆上,这个大陆环绕着真正的外海洋。①

那么,依照柏拉图,一个人从欧洲向西航行首先会到达大西岛,然后到其他岛屿,最后才到西方大陆。普鲁塔克的构架恰好与此相似,首先是奥吉吉亚岛,该岛在不列颠西边五天航程之处;然后有三座岛在更西边,它们与奥吉吉亚岛的距离相等,它们彼此之间的距离也相等;最后是那片大陆。事实上,正是普鲁塔克在这一内容上密切效仿柏拉图模型,导致了一个他本可以避免的混乱。故事一开始(941a)提到的奥吉吉亚岛,似乎在接下来的内容中没有发挥什么作用,因为据其说,克洛诺斯被囚禁在位于奥吉吉亚岛西边的那三座岛屿中的一座上。另一方面,我们在 941d 被告知,代表团首先到达边远的岛屿(ἐπὶ τὰς προκειμένας νήσους),我们自然而然地将这些岛屿与上文被同样描述的三座岛屿等同起来;接着,代表团继续前行到克洛诺斯岛。这无疑暗示奥吉吉亚岛就是克洛诺斯岛。我觉得,对于这一难点,似乎最合理的解释是,他自己被事实上多余的对奥吉吉亚岛的介绍搞糊涂了,而引入奥吉吉亚岛是模仿柏拉图的设计。②

以下事实增加了普鲁塔克直接依赖《蒂迈欧》的可能性,即两者都谈到了西方大陆与大西洋的浑浊和水浅密切相关。他们对此给出了不同的理由:柏拉图说这是由于大西岛的沉没造成的;普鲁塔克的故事则假定岛屿仍存在于大西洋中,因而不能采用[柏拉图的]这一解释,他将大西洋的浑浊归因于该大陆的河流所带来的沉积物。两者也许都试图去解释的东西,要么是一个已被注意到的事实,要么是一个已被确认的传言,它最初是由迦太基人传播出去的,

---

① Plato, *Timaeus*, 24e。

② 洪堡(Humboldt)所引用的 Böckh, *Kritische Untersuchungen über die hist. Entw. Der geogr. Kenntniss von der neuen Welt*, 1. 177,他认为奥吉吉亚岛就是克洛诺斯所在的岛屿,而且认为941a 的 ὃν ἐν μιᾷ必须改为 ἐν δὲ τῇ Ὠγυγίᾳ 或者 ἐν δὲ τῇ πρώτῃ,但这似乎极不可能。

他们希望保持对直布罗陀海峡之外区域的独占。① 不过,我更倾向于认为,虽然这可能是柏拉图的说法的由来,但普鲁塔克只是从他那里接受了大海浑浊且水浅的事实,而且他增加了对此事实的一种解释,这将与其故事的其余部分相一致。②

现在我转向神话的哲学部分,这部分的要点是,将心智看作灵魂的一部分与将灵魂看作身体的一部分是同样大的错误。人是三个部分,即心智($νοῦς$)、灵魂($ψυχή$)和身体的复合体,而这三个部分有不同的来源:心智来自太阳,灵魂来自月亮,身体来自地球。因此,我们在地球上的死亡将心智和灵魂一起从身体中释放出来,这两者飞升到地球与月亮之间的区域,它们在这里受到惩罚并得到净化。月亮接收了净化之后正义的灵魂;它们在那里享受天堂之乐,虽然有时候它们下到地球管理神谕和密仪,并且惩恶扶善。最后,如果它们在月亮上没有因为过失而招致再投胎的惩罚,就会发生第二次死亡。心智回到它的出处太阳上;灵魂在月亮上像影子一样逗留一段时间,然后消逝。该神话以对相反的赋形步骤的解释为结。太阳播撒心智,月亮接收心智并制造新的灵魂,最后由地球提供身体。每一个步骤都有一位命运〔女神〕主管,即太阳中的阿特洛波斯,月亮中的克洛索,以及地球上的拉刻西斯。灵魂居于心智与身体的中间位置,正如月亮在太阳与地球之间。

与该神话的叙事部分一样,我在这里只限于考察我所认为的普鲁塔克与柏拉图蓝本的关联。在《苏格拉底的守护神》中对《斐多》的模仿,在《论神的惩罚的延迟》中的忒斯帕西斯神话(The Thespesius myth)对厄尔神话的模仿,以及正在讨论的该神话第一部分对大西岛故事的模仿,这些都事先使得以下这一点成为可能,即普鲁

---

① 比较 Stewart, *Myths of Plato*, 页 466 以及 Cary 和 Warmington, *The Ancient Explorers*, 页 97,该书提到几个在柏拉图之后的地理作家以证实大西洋是浑浊的。

② 关于这个持续很长时间的看法——开普勒也认同它,即普鲁塔克的故事不是一种想象,而是依据古人对美洲的实际发现——的全面研究和考证,参看 E. Ebner, *Geogr. Hinweise u. Anklänge in* Plutarchs Schreft 'de facie.', Münch., 1906。

塔克在此处也有一个在他之前的明确的模型。而且，他对"两次死亡"的信条的论述，是该神话的核心要点，并且一般被认为构成了该神话与众不同的特征，考虑到这一点就足够使这一可能性变成确定性。

三重灵魂，即灵魂由理智($τὸ\ λογιστικόν$)、激情($τὸ\ θυμοειδές$)和欲望($τὸ\ ἐπιθυμητικόν$)组成的学说，在《王制》435d 中被苏格拉底采用作为一种简短且方便，虽然不准确的分类，而在《斐德若》中以一种神话形式得到详细阐述。该学说被正确地看作是柏拉图心灵学的独有特征。但是在《蒂迈欧》中，该学说以一种新的形式呈现出来，这种新的形式与《论月面》的理论有着显著的相似性。三分的形式被保留下来，但与一种新的分类原则结合起来。灵魂有一个不朽的部分和一个可朽的部分：前者与理智相一致；后者包含激情和欲望两个细分出来的部分。从这一区分到普鲁塔克所做的心智($νοῦς$)与灵魂($ψυχή$)之间的区分仅一步之遥。而且，对《蒂迈欧》中所记述的灵魂创造的更密切考察揭示了更多相似之处。

例如，我们被告知，造物主在创造宇宙时，将心智放入"可见物"中，而由于没有灵魂，心智就不能存在。他将心智放在灵魂中，将灵魂放在身体中，这样就整体完工了。$λογισάμενος\ οὖν\ ηὕρισκεν\ ἐκ\ τῶν\ κατὰ\ φύσιν\ ὁρατῶν\ οὐδὲν\ ἀνόητον\ τοῦ\ νοῦν\ ἔχοντος\ ὅλον\ ὅλου\ κάλλιον\ ἔσεσθαί\ ποτε\ ἔργον,\ νοῦς\ δ'\ αὖ\ χωρὶς\ ψυχῆς\ ἀδύνατον\ παραγενέσθαι\ τῳ.\ Διὰ\ δὴ\ τὸν\ λογισμὸν\ τόνδε\ νοῦν\ μὲν\ ἐν\ ψυχῇ,\ ψυχὴν\ δ'\ ἐν\ σώματι\ συνιστὰς\ τὸ\ πᾶν\ συνετεκταίνετο.$〔在可见事物中有理智的存在，在整体上比无理智的存在更美，而理智不可能存在于没有灵魂的东西中。根据这个逻辑，当他创造这个宇宙时，他就把理智放在灵魂中，把灵魂放在身体中。〕(30b) 这明显含有区分 $νοῦς$〔心智〕与 $ψυχή$〔灵魂〕的意思，而且这里所用的术语也与普鲁塔克一样。

不过，与我们直接有关的是人类灵魂的产品，对此，《蒂迈欧》41d 以下有所描述。当造物主造出宇宙灵魂时，他把用来制造宇宙灵魂的混合物的剩余元素取出，又将他们混合，然后将这混合物分配给众星,这些星星的数量与以这种方式造出的灵魂的数量相等。造物主向众星上的灵魂们解释宇宙的法则,以及在行星上赋予他们肉体的必要性;他们与身体的结合,将使他们具有感觉、快乐、痛苦、欲望、恐惧和愤怒,也就是灵魂的两个较低部分的情感,但那些生活得体的灵魂将各自回到他自己的星星上,在那里过上幸福、惬意的生活。另一方面,败坏的灵魂就要在再投胎时变为更低级的形体,先是变成女人,直到他们表现出一些变好的迹象。这段话接下来是这样说的:

διαϑεσμοϑετήσας δὲ πάντα αὐτοῖς ταῦτα, ἵνα τῆς ἔπειτα εἴη κακίας ἀναίτιος, ἔσπειρεν τοὺς μὲν εἰς γῆν, τοὺς δ' εἰς σελήνην, τοὺς δ' εἰς τἆλλα ὅσα ὄργανα χρόνου. τὸ δὲ μετὰ τὸν σπόρον τοῖς νέοις παρέδωκεν ϑεοῖς σώματα πλάττειν ϑνητά, τό τ' ἐπίλοιπον, ὅσον ἔτι ἦν ψυχῆς ἀνϑρωπίνης δέον προσγενέσϑαι, τοῦτο καὶ πάνϑ' ὅσα ἀκόλουϑα ἐκείνοις ἀπεργασαμένους ἄρχειν, καὶ κατὰ δύναμιν ὅτι κάλλιστα καὶ ἄριστα τὸ ϑνητὸν διακυβερνᾶν ζῷον, ὅτι μὴ κακῶν αὐτῷ ἑαυτῷ γίγνοιτο αἴτιον. [但他将这些法则全部交代给诸神,并认为不用再为他们未来的罪恶担心时,他就播撒他们,有的撒在地球上,有的撒在月亮上,还有些撒在其他时间体上。播撒之后,他让那些年轻的神来塑造可朽的身体,提供人类灵魂所需要的东西,让诸神做人类的统治者,并用最好、最有智慧的方式引导他们,因为这些生灵会躲避诸神,自己作恶。]

短语 ὅσον ἔτι ἦν ψυχῆς ἀνϑρωπίνης δέον προσγενέσϑαι [提供人类灵魂所需要的东西]在后面的一个段落(69c)中得到解释和发挥:

οἱ δὲ (即受造的诸神) μιμούμενοι παραλαβόντες ἀρχὴς ψυχῆς ἀϑάνατον τὸ μετὰ τοῦτο ϑνητὸν σῶμα περιετόρνευσαν, ὄχημά τε πᾶν τὸ σῶμα ἔδοσαν, ἄλλο τε εἶδος ἐν αὐτῷ ψυχῆς προσῳκοδόμουν τὸ ϑνητόν. [他们模仿他,从他那里接受了灵魂的不朽本体后,以此为中心

塑造可朽的身体,用这身体来支撑它。他们还在身体中造了另一种形式的灵魂：可朽的灵魂。]

灵魂的这一可朽部分包含了上面所列举的那些感情,而且这个部分被放置在身体的不同部位,与神圣部分隔开,以便使后者不被它污染。

如果将这一描述与《论月面》相比较,我们会发现许多相似之处。首先,在两者中,神圣部分和可朽部分都有不同的来源。在《蒂迈欧》中,造物主自己创造了神圣的部分,这个功能在《论月面》中被归于太阳；可朽部分是由"受造的"诸神添加的,这一等级的神祇,既包括那些表明自己——如果他们愿意的话——实际上就是传统神话之神的神祇,也包括永远可见的神祇,即行星。在《论月面》中,正是后者中的一个,月亮,将灵魂添加给心智。

我已经给出了造物主向众星上的灵魂们讲话的主旨。他们聆听讲话是在被添加可朽部分之前的情况,说明唯独心智是真正的本质(self),这与普鲁塔克在944f中的说法完全一致：αὐτὸς … ἕκαστος ἡμῶν οὐ θυμός ἐστιν οὐδὲ φόβος οὐδὲ ἐπιθυμία, καθάπερ οὐδὲ σάρκες οὐδὲ ὑγρότητες, ἀλλ' ᾧ διανοούμεθα καὶ φρονοῦμεν. [……我们每个人的本质都不是愤怒或恐惧或欲求,正如它不是一些肉或液体,而是我们以之进行思考和理解的东西。]承诺那些生活得体的灵魂将各自回到他自己的星星上,这必定意味着灵魂的神圣部分将回到那里,这样就与《论月面》中心智回到太阳相一致。最后,可以注意,在柏拉图和普鲁塔克那里,再投胎都是对罪恶的惩罚。

更能令人信服的一点是,对于将灵魂置于行星中如同播种的描述(《蒂迈欧》42d)。普鲁塔克用这个词([译按：即"播种")来描述心智从太阳下放到月亮,作为创造人类的一个阶段,与柏拉图用来描述该阶段的词相同。①

我们已经明白,在一般层面上,普鲁塔克在《论月面》神话中效

---

① R. M. Jones, *The Platonism of* Plutarch, 页51,注意到这一点。

仿柏拉图模型是可能的。现在我们可以确切地断定这个模型就是《蒂迈欧》。我的意图只是以此表明，普鲁塔克想让该神话在其哲学体系中所处的地位，与他所认为的《蒂迈欧》在柏拉图哲学体系中所处的地位相同。这种在总体框架上的模仿，当然不会排除对其他资料来源的运用，对这方面的研究不在目前论证的范围内，[①]但它消除了一个难点。这个难点被认为有关该神话的结构，阿尔尼姆(von Arnim)用这个难点来支持他关于该神话来源的理论。叙事性引言与神话正文之间的微弱且笨拙的关联，使他做出这样的推断，即该神话就其实际情况而言不可能是由单一脑袋想出来的作品，而且用来引入"月亮鬼神学"的叙事部分原本不可能是为了这一目的，而必定是普鲁塔克从一部"奇幻游记(phantastischer Reiseroman)"那里借来的，未经很大改动，而他在《论神谕的衰微》第18章中已经用过这本书。[②] 阿尔尼姆虽然正确地拒绝了海因策(Heinze)的大部分观点，但他试图自己去证明该神话本身一定是派生的。他的看法如下(页65以下)。他指出，第29节中描

---

① 我认为，大体上可以确认普鲁塔克的末世论在根本上是基于柏拉图的末世论，但这个转换过程的中间步骤的种类则是聚讼纷纭的问题。R. Heinze, *Xenocrates*, 页125以下，根据所谓的前后不一致，将《论月面》的神话划分为克塞诺克拉底和波希多尼两方面来源。对此，von Arnim, *Plutarch über Dämonen und Mantik*(页47以下)已经指出没有足够重要的理由证明这种划分是正确的。K. Reinhardt, *Kosmos und Sympathie*(页313以下)以十分不足的理由将该神话分解为三个部分，将其中一个部分，即心智来自太阳而灵魂来自月亮的心灵学理论，归于波希多尼。且不说其实际证据的薄弱性(比较R. M. Jones, "Poseidonius and solar eschatology"，见 *Classical Philology*, 1932, 页116以下)，这一可能性似乎可以被盖仑(Galen)(*De Plac. Hipp. et Plat.*)的证据明确排除，该书多次指出，虽然波希多尼拒绝克吕西波(Chrysippus)关于感情只是判断力的疾病的观点，而且采纳了柏拉图的分类(即理智[τὸ λογιστικόν]、激情[τὸ θυμοειδές]和欲望[τὸ ἐπιθυμητικόν])，但他认为这些只是一种单一物质的能力，而不是柏拉图所谓的μέρη或ἰδη。尤其比较页501 (Müller): ὁ δὲ Ἀριστοτέλης τε καὶ ὁ Ποσειδώνιος εἴδη μὲν ἢ μέρη ψυχῆς οὐκ ὀνομάζουσι, δυνάμεις δὲ εἶναί φασι μιᾶς οὐσίας ἐκ τῆς καρδίας ὁρμωμένης. 我希望另外找机会在细节上处理有关普鲁塔克神话来源的全部问题。

② 前引书，页42以下。此处以下文字至125页第10行原为注释。

述月亮实质的那段话对于该神话是必不可少的,因为这段话带出了心智、灵魂、身体与太阳、月亮、地球的类比。在这两个系列中,混合体都占据中间位置。按普鲁塔克的说法,月亮是一个 ἄστρου σύγκραμα καὶ γῆς[星体与土的混合物](943e),而灵魂是 μικτὸν καὶ μέσον, καθάπερ ἡ σελήνη τῶν ἄνω καὶ κάτω σύμμιγμα καὶ μετακέρασμα ὑπὸ τοῦ θεοῦ γέγονε〔一种混合的和中介性的东西,正如月亮被神创造为上下界事物的混合体〕(945d)。普鲁塔克称赞克塞诺克拉底有某种关于月亮的中介性质的观点,但克塞诺克拉底所给出的相关体系与普鲁塔克并不一致,因为这个体系不认为月亮是火与土的一种混合物。阿尔尼姆将这一点看作该神话的核心要点,而且断言:"就其材料的思想内容来看,这个神话不仅不会源于克塞诺克拉底(Xenocrates),也不会源于普罗塔克。因为,只有当普鲁塔克从另一个作者那里借来这个神话,他才会让这个神话与克塞诺克拉底的学说保持一致。"

但是,普鲁塔克误解了他所阐述的灵魂构成学说么?阿尔尼姆承认,不可能知道灵魂是由什么元素混合成的,虽然它被称为 μικτὸν καὶ μέσον[混合的和中介性的东西]。认为它由心智和身体混合而成是荒谬的;那么,为什么这个类似部分的要点在于月亮由星星的火与土混合而成呢?

再者, μικτὸν καὶ μέσον[混合的和中介性的东西]这几个词意味着什么呢?阿尔尼姆没有给出什么意见,但可以肯定,最合理的假设是:灵魂是一种介于非物质性的心智与物质性的身体之间的东西,事实上是一种极其稀薄的水蒸气。(在945a中,灵魂据说保持着身体的形状;以发散物为食,而且净化的效果是使它发亮且透明。比较Plutarch, *De Sera Numinis Vindicta*,564ab。)这正是克塞诺克拉底所赞赏的观点,(ὅλως δὲ μήτε τὸ πυκνὸν αὐτὸ καθ' αὑτὸ μήτε τὸ μανὸν εἶναι ψυχῆς δεκτικόν),而且他对于月亮性质的观点与我所认为的普鲁塔克对于灵魂性质的观点相一致,即月亮由一种介于太阳和地球之密度(τὸ πρῶτον πυκνόν[第一密度]和 τὸ τρίτον πυκνόν[第三密度])的密度(τὸ δεύτερον πυκνόν[第二密度])

构成。

最后，阿尔尼姆自己陷入一个明显的矛盾之中。在第 53 页，他强调了以下事实，即"克塞诺克拉底的学说会被赞颂为靠近或类似于正确的（启明的）学说，而非赞颂为与其学说等同的学说"。

在第 36 页中有另一个观点。阿尔尼姆认为 De Genio Socratis 中的神话包含两个互相矛盾的学说，并断言它们都不可能是普鲁塔克自己的观点，由此可见，《论月面》中神话的主旨——它与 De Genio Socratis 中的一部分相一致——也不可能是普鲁塔克自己的观点。我希望在接下来的一篇论文中表明 De Genio Socratis 中的神话并没有矛盾之处。

如果我们接受该神话两个部分都模仿了《蒂迈欧》的观点，那么，正是两者间关联的缺乏，成为而不是否定普鲁塔克的原创性的证据。《蒂迈欧》先是对大西岛做假想性说明，接着讨论宇宙发生和动物发生的问题，两者没有内在的必要联系。《论月面》的神话由一个关于克洛诺斯的故事引入，该故事与大西岛故事在很多地方都相似，接着详细阐述了一个关于灵魂性质的理论，该理论在根本上基于《蒂迈欧》的理论。我相信，有《蒂迈欧》在面前的普鲁塔克，故意使他的神话成为《蒂迈欧》的微缩摹本。因而，对于他自己作品中这两个部分之间的关联与其模型的相应部分之间的关联一样浅表，他会感到满意的。

《苏格拉底的守护神》中的西米阿斯（Simmias）说："即便是神话，也有一些触及真理的要点。"①本文的目标在于提出一个标准，依据这个标准，我们可以确定这些要点是什么，以及确定普鲁塔克神话的哪些部分可被视为包含了严肃的哲学真理。如果《论月面》神话是《蒂迈欧》的一种摹本，那么普鲁塔克必定想让《论月面》的心灵学理论具有与柏拉图作品中的宇宙发生和动物发生理论相同的实质。现在，诚然，蒂迈欧自己说他对宇宙和生物创造的解说只

---

① Plutarch, *De Genio Socratis*, 589f: ἔστιν ὅπῃ ψαύει τῆς ἀληθείας καὶ τὸ μυθῶδες.

不过是一个"可能的传说",他请求他的听众们接受它——如果他们没有找到其他可能性更大的说法的话——但不必惊讶于在其中发现矛盾和不精确之处。① 诸如此类的语言使人想起《斐多》中的说法,②而且似乎将《蒂迈欧》置于与其他柏拉图神话相同的层次上。然而,我们不可能不感觉到它的书写有一个更加科学的目的,即便我们不至于接受泰勒(Taylor)教授的论点,即它是一本当时毕达哥拉斯派科学研究的指南。幸运的是,我希望以普鲁塔克对它的模仿为基础而提出的意见,与柏拉图想让他的作品被如何阐释的难题不相关。对于我的目的来说重要的一点是,无论柏拉图想要传达的意思是什么,普鲁塔克反正都将《蒂迈欧》的宇宙发生学说视为严肃的哲学。他的专题论文《论〈蒂迈欧〉中灵魂的产生》已经表明了这一点,在该文中,他坚持与许多古代评论家,如克塞诺克拉底和克兰托尔(Crantor),相反的观点,即柏拉图想让他的读者按照字面意思相信,世界及其灵魂被及时地创造出来。③

因此,如果《论月面》的第二部分在整个神话中应该占据的位置,对应于蒂迈欧的讲辞在《蒂迈欧》中的位置,那么,我们就有理由推断,将那篇讲辞视为总体上严肃之学说的普鲁塔克,必定想让他自己神话中的对应部分也包含一个同样严肃的解说,即对有关灵魂之本性及命运的观念的解说。当前所讨论段落的语调确认了这一结论,这段话不包含任何可以表明它无意被认真对待的内容,而

---

① Plato, *Timaeus*, 29d: ἐὰν ἄρα μηδενὸς ἧττον παρεχώμεθα εἰκότας (即 λόγους) ἀγαπᾶν χρή, μεμνημένους ὡς ὁ λέγων ἐγὼ ὑμεῖς τε οἱ κριταὶ Φύσιν ἀνθρωπίνην ἔχομεν, ὥστε περὶ τούτων τὸν εἰκότα μῦθον ἀποδεχομένους πρέπει τούτου μηδὲν ἔτι πέρα ζητεῖν.

② Plato, *Phaedo*, 114d: τὸ μὲν οὖν ταῦτα διισχυρίσασθαι οὕτως ἔχειν ὡς ἐγὼ διελήλυθα, οὐ πρέπει νοῦν ἔχοντι ἀνδρί. ὅτι μέντοι ἢ ταῦτ' ἐστὶν ἢ τοιαῦτ' ἄττα...τοῦτο καὶ πρέπειν μοι δοκεῖ καὶ ἄξιον κινδυνεῦσαι οἰομένῳ οὕτως ἔχειν.〔当然,有头脑的人一定不会把我所描述的都当真。不过有关灵魂的归宿,我讲的多多少少也不离正宗吧。因为我们有清楚的证据表明……这既是合理的意向,又是值得冒险的信仰,因为这种冒险是高尚的〕。

③ Plutarch, *De An. Proc. in Timaeo*, 1013e 以下,亦对观 *De Sera Numinis Vindicta*, 550d。

且,没有诸如《苏格拉底的守护神》和《论神的惩罚的延迟》中神话的引言那样的辩解之辞来引入这段话。① 诚然,苏拉——整个神话都是借苏拉之口讲述的——称它为一个神话,但柏拉图也将这个术语用于蒂迈欧的讲辞,正如我们所看到的,这个情况并未妨碍普鲁塔克宣称该讲辞是一篇实实在在的解释。

当然,不能因这一看法而主张《论月面》神话第二部分的每个细节都要被视为教条;同样荒谬的是,从普鲁塔克认真对待《蒂迈欧》中的理论这一事实推断,他将造物主对灵魂们发表的讲话视为历史事件的记载。我想要确定的只是普鲁塔克想让他的神话的要点,即心智与灵魂的区分以及它们分别来自太阳和月亮,得到字面的而非象征性的理解。

这个看法还可以再往前推进一步,将有关《论月面》的结论运用于《苏格拉底的守护神》中的神话,这个神话中有一段关于灵魂构造的话,其语言表述比《论月面》的学说抽象得多,但两者本质上相同。在接下来的一篇论文中,他希望考察的是这段话与《论月面》的关系,同时论证它与《苏格拉底的守护神》中神话的其余部分的一致性。

---

① Plutarch, *De Genio Socratis*, 589f; *De Sera Numinis Vindicta*, 561b.

图书在版编目（CIP）数据

论月面/(古罗马)普鲁塔克等著；孔许友译. --北京：华夏出版社，2016.7
（西方传统：经典与解释）
ISBN 978-7-5080-8799-3

Ⅰ.①论… Ⅱ.①普… ②孔… Ⅲ.①古希腊罗马哲学－研究 Ⅳ.①B502.49

中国版本图书馆CIP数据核字(2016)第079307号

论 月 面

作　　者	[古罗马]普鲁塔克
译　　者	孔许友
责任编辑	陈希米　倪友葵
责任印制	刘　洋
出版发行	华夏出版社
经　　销	新华书店
印　　装	三河市少明印务有限公司
版　　次	2016年7月北京第1版 2016年8月北京第1次印刷
开　　本	880×1230　1/32
印　　张	5.25
字　　数	150千字
定　　价	33.00元

华夏出版社　地址:北京市东直门外香河园北里4号　邮编:100028
　　　　　　网址:www.hxph.com.cn　电话:(010)64663331(转)
若发现本版图书有印装质量问题，请与我社营销中心联系调换。

西方传统：经典与解释

古今丛编

孟德斯鸠的自由主义哲学
——《论法的精神》疏证
[美]潘戈 著

古典诗学之路（重订版）
——相遇与反思：与伯纳德特聚谈
[美]伯格 编

莫尔及其乌托邦
[德]考茨基 著

试论古今革命
[法]夏多布里昂 著

托兰德与激进启蒙
刘小枫 编

《劳作与时日》笺释
吴雅凌 撰

图书馆里的古今之战
[英]斯威夫特 著

但丁：皈依的诗学
[美]弗里切罗 著

在西方的目光下
[英]康拉德 著

大学与博雅教育
董成龙 编

恐惧与战栗
[丹麦]基尔克果 著

探究哲学与信仰——基尔克果与苏格拉底
[美]郝岚 著

穆佐书简
[奥]里尔克 著

撒路斯特与政治史学
刘小枫 编

民主的本性——托克维尔的政治哲学
[法]马南 著

希罗多德的王霸之辨
吴小锋 编/译

梅尔维尔的政治哲学——《切雷诺》及其解读
李小均 编/译

第二代智术师——罗马帝国早期的文化现象
安德森 著

英雄诗系笺释
[古希腊]荷马 著

统治的热望
——修昔底德笔下的阿尔喀比亚德和帝国政治
[美]福特 著

西方传统：经典与解释
Classici et Commentarii
HERMES
刘小枫◎主编

席勒美学的哲学背景
[美]维塞尔 著

雅典谐剧与逻各斯
——《云》中的修辞、谐剧性及语言暴力
[美]奥里根 著

莱园哲人伊壁鸠鲁
罗晓颖 选编

果戈里与鬼
[俄]梅列日科夫斯基 著

托尔斯泰与陀思妥耶夫斯基
[俄]梅列日科夫斯基 著

自传性反思
[德]沃格林 著

黑格尔与普世秩序
[美]希克斯 等著

新的方式与制度
——马基雅维利的《论李维》研究
[美]曼斯菲尔德 著

论埃及神学与哲学——伊希斯与俄赛里斯
[古希腊]普鲁塔克 著

凯撒的剑与笔
李世祥 编/译

纪念苏格拉底——哈曼文选
刘新利 选编

科耶夫的新拉丁帝国
[法]科耶夫 等著

夜颂中的革命和宗教——诺瓦利斯选集卷一
[德]诺瓦利斯 著

大革命与诗话小说——诺瓦利斯选集卷二
[德]诺瓦利斯 著

《利维坦》附录
[英]霍布斯 著

巨人与侏儒
[美]布鲁姆 著

或此或彼（上、下）
[丹麦]基尔克果 著

海德格尔与有限性思想（重订版）
刘小枫 选编

海德格尔式的现代神学
刘小枫 选编

论宗教大法官的传说
[俄]罗赞诺夫 著

上帝国的信息
[德]拉加茨 著

双重束缚
[美]基拉尔 著

俄耳甫斯教祷歌
吴雅凌 编译

俄耳甫斯教辑语
吴雅凌 编译

黑格尔的观念论
[美]皮平 著

古今之争中的核心问题
[德]迈尔 著

浪漫派风格——施莱格尔批评文集
[德]施莱格尔 著

神圣的罪业
[美]伯纳德特 著

论永恒的智慧
[德]苏索 著

宗教经验种种
[美]詹姆斯 著

尼采反卢梭
[美]凯斯·安塞尔-皮尔逊 著

施米特对自由主义的批判
[美]约翰·麦考米克 著

舍勒思想评述
[美]弗林斯 著

诗与哲学之争
[美]罗森 著

基督教理论与现代
[德]特洛尔奇 著

亚历山大的克雷蒙
[意]塞尔瓦托·利拉 著

伊壁鸠鲁主义的政治哲学
[意]詹姆斯·尼古拉斯 著

神圣与世俗
[罗]伊利亚德 著

中世纪的心灵之旅——波纳文图拉神学著作选
[意]圣·波纳文图拉 著

论古人的智慧
[英]培根 著

柏拉图注疏集

哲学的奥德赛——《王制》引论
[美]郝兰 著

爱欲与启蒙的迷醉——论柏拉图的《会饮》
[美]贝尔格 著

为哲学的写作技艺一辩——《斐德若》疏证
[美]伯格 著

柏拉图式的迷宫——《斐多》义疏
[美]伯格 著

人应该如何生活
[美]布鲁姆 著

情敌
[古希腊]柏拉图 著

哲学如何成为苏格拉底式的
[美]朗佩特 著

苏格拉底与希琵阿斯
王江涛 编译

理想国
[古希腊]柏拉图 著

谁来教育老师——《普罗塔戈拉》发微
刘小枫 编

立法者的神学——柏拉图《法义》卷十绎读
林志猛 编

柏拉图对话中的神
[德]薇依 著

厄庇诺米斯
[古希腊]柏拉图 著

智慧与幸福——柏拉图的《厄庇诺米斯》
程志敏 选编

论柏拉图对话
[德]施莱尔马赫 著

柏拉图《美诺》疏证
[美]克莱因 著

政治哲学的悖论——苏格拉底的哲学审判
[美]郝岚 著

神话诗人柏拉图
张文涛 选编

阿尔喀比亚德
[古希腊]柏拉图 著

叙拉古的雅典异乡人——柏拉图《书简七》探幽
彭磊 选编

阿威罗伊论《王制》
[阿拉伯]阿威罗伊 著

《王制》要义
刘小枫 选编

柏拉图的《会饮》
[古希腊]柏拉图 等著

苏格拉底的申辩
[古希腊]柏拉图 著

苏格拉底与政治共同体
[美]尼科尔斯 著

政制与美德——柏拉图《法义》疏解
[美]潘戈 著

《法义》导读
[法]卡斯代尔·布舒奇 著

论真理的本质
[德]海德格尔 著

哲人的无知
[德]费勃 著

米诺斯
[古希腊]柏拉图 著

亚里士多德注疏集

品格的技艺
[美]加佛 著

亚里士多德哲学的基本概念
[德]海德格尔 著

《政治学》疏证
[意]托马斯·阿奎那 著

尼各马可伦理学义疏
——亚里士多德与苏格拉底的对话
[美]伯格 著

哲学之诗——亚里士多德《诗学》解诂
[美]戴维斯 著

对亚里士多德的现象学解释
[德]海德格尔 著

城邦与自然——亚里士多德与现代性
刘小枫 编

论诗术中篇义疏
[阿拉伯]阿威罗伊 著

哲学的政治——亚里士多德《政治学》疏证
[美]戴维斯 著

色诺芬注疏集

居鲁士的教育
[古希腊]色诺芬 著

驯服欲望——施特劳斯笔下的色诺芬撰述
[法]科耶夫 等著

论僭政——色诺芬《希耶罗》义疏
[美]施特劳斯 著

色诺芬的《会饮》
[古希腊]色诺芬 著

莎士比亚绎读

莎士比亚的历史剧
[英]帝利亚德 著

莎士比亚笔下的爱与友谊
[美]布鲁姆 著

莎士比亚戏剧与政治哲学
彭磊 选编

莎士比亚的政治盛典
[美]阿鲁里斯/苏利文 编

丹麦王子与马基雅维利
罗峰 选编

卢梭集

论哲学生活的幸福
[德]迈尔 著

致博蒙书
[法]卢梭 著

政治制度论
[法]卢梭 著

哲学的自传——卢梭的《孤独漫步者的遐思》
[法]卢梭 著

文学与道德杂篇
[法]卢梭 著

设计论证——卢梭的《社会契约论》
[美]吉尔丁 著

卢梭的自然状态
[美]普拉特纳 等著

卢梭的榜样人生——作为政治哲学的《忏悔录》
[美]凯利 著

莱辛注疏集

汉堡剧评
[德]莱辛 著

关于悲剧的通信
[德]莱辛 著

《智者纳坦》研究版
[德]莱辛 等著

启蒙运动的内在问题——莱辛思想再释
[美]维塞尔 著

莱辛剧作七种
[德]莱辛 著

历史与启示——莱辛神学文选
[德]莱辛 著

论人类的教育——莱辛政治哲学文选
[德]莱辛 著

尼采注疏集

尼采引论
[德]施特格迈尔 著

尼采与基督教——尼采的《敌基督》论集
刘小枫 编

尼采眼中的苏格拉底
[美]丹豪瑟 著

尼采的使命——《善恶的彼岸》绎读
[美]朗佩特 著

尼采与现时代——解读培根、笛卡尔与尼采
[美]朗佩特 著

动物与超人之间的绳索
[德]A.彼珀 著

施特劳斯集

苏格拉底问题与现代性[增订本]
——施特劳斯演讲与论文集：卷二
[美]列奥·施特劳斯 著

政治哲学与启示宗教的挑战
[德]迈尔 著

霍布斯的宗教批判
[美]列奥·施特劳斯 著

斯宾诺莎的宗教批判
[美]列奥·施特劳斯 著

门德尔松与莱辛
[美]列奥·施特劳斯 著

哲学与律法——论迈蒙尼德及其先驱
[美]列奥·施特劳斯 著

迫害与写作艺术
[美]列奥·施特劳斯 著

柏拉图式政治哲学研究
[美]列奥·施特劳斯 著

阅读施特劳斯
[美]斯密什 著

《会饮》讲疏
[美]列奥·施特劳斯 著

柏拉图《法义》的论辩与情节
[美]列奥·施特劳斯 著

什么是政治哲学
[美]列奥·施特劳斯 著

古典政治理性主义的重生
[美]列奥·施特劳斯 著

施特劳斯与流亡政治学
[美]谢帕德 著

犹太哲人与启蒙
——施特劳斯演讲与论文集：卷一
[美]列奥·施特劳斯 著

回归古典政治哲学——施特劳斯通信集
[美]列奥·施特劳斯 著

隐匿的对话——施米特与施特劳斯
[德]迈尔 著

苏格拉底与阿里斯托芬
[美]列奥·施特劳斯 著

伯纳德特集

弓与琴（重订版）——从柏拉图解读《奥德赛》
[美]伯纳德特 著

古典学丛编

希腊古风时期的真理大师
[法]德蒂安 著

古罗马的教育
[英]葛怀恩 著

古典学与现代性
刘小枫 编

表演文化与雅典民主制
[英]戈尔德希尔、奥斯本 编

西方古典文献学发凡
刘小枫 编

古典语文学常谈
克拉夫特 著

古希腊文学常谈
[英]多佛 等著

修昔底德集

修昔底德笔下的人性
[加]欧文 著

修昔底德笔下的演说
[美]斯塔特 著

古希腊政治理论
格雷纳 著

赫西俄德集

神谱笺释
吴雅凌 撰

赫西俄德：神话之艺
[法]居代·德·拉孔波 等著

赫拉克勒斯之盾笺释
罗逍然 译笺

古希腊诗歌丛编

阿尔戈英雄纪（上、下）
[古希腊]阿波罗尼俄斯 著

诗歌与城邦
[美]费拉格、纳吉 主编

品达注疏集
幽暗的诱惑——品达、晦涩与古典传统
[美]汉密尔顿 著

阿里斯托芬集
《阿卡奈人》笺释
[古希腊]阿里斯托芬 著

古希腊肃剧注疏集
希腊肃剧与政治哲学
[美]阿伦斯多夫 著

希伯莱圣经历代注疏
希腊化世界中的犹太人
[英]威尔逊 著

第一亚当和第二亚当
[德]朋霍费尔 著

新约历代经解
属灵的寓意
[古罗马]俄里根 著

维吉尔注疏集
《埃涅阿斯纪》章义
王承教 选编

维吉尔的帝国
阿德勒 著

塔西佗集
塔西佗的政治史学
曾维术 编

但丁集
但丁的圣约书
[美]霍金斯 著

洛克集
上帝、洛克与平等
[美]沃尔德伦 著

施米特集
宪法专政——现代民主国家中的危机政府
[美]罗斯托 著

美国宪政与古典传统
美国1787年宪法讲疏
[美]阿纳斯塔普罗 著

大学素质教育读本
古典诗文绎读 西学卷·古代编（上、下）
古典诗文绎读 西学卷·现代编（上、下）

中国传统：经典与解释
Classici et Commentarii

经典与解释

刘小枫 陈少明 ◎ 主编

《毛诗》郑王比义发微
史应勇 著

宋人经筵诗讲义四种
[宋]张纲 等撰

道德真经四子古道集解
[金]寇才质 撰

皇清经解提要
[清]沈豫 撰

冬灰录
[明]方以智 著

从公羊学论《春秋》的性质
阮芝生 撰

药地炮庄笺释·总论篇
[明]方以智 著

松阳讲义
[清]陆陇其 著

起凤书院答问
[清]姚永朴 撰

青原志略
[明]方以智 原编

冬炼三时传旧火——港台学人论方以智
邢益海 编

药地炮庄
[明]方以智 著

周礼疑义辨证
陈衍 撰

经学通论
[清]皮锡瑞 著

韩愈志
钱基博 著

论语辑释
陈大齐 著

《庄子·天下篇》注疏四种
张丰乾 编

荀子的辩说
陈文洁 著

古学经子——十一朝学术史述林
王锦民 著

经学以自治——王闿运春秋学思想研究
刘少虎 著

《铎书》校注
孙尚扬 肖清和 等校注

经典与解释辑刊（刘小枫 陈少明 主编）

1. 柏拉图的哲学戏剧
2. 经典与解释的张力
3. 康德与启蒙
4. 荷尔德林的新神话
5. 古典传统与自由教育
6. 卢梭的苏格拉底主义
7. 赫尔墨斯的计谋
8. 苏格拉底问题
9. 美德可教吗
10. 马基雅维利的喜剧
11. 回想托克维尔
12. 阅读的德性
13. 色诺芬的品味
14. 政治哲学中的摩西
15. 诗学解诂
16. 柏拉图的真伪
17. 修昔底德的春秋笔法
18. 血气与政治
19. 索福克勒斯与雅典启蒙
20. 犹太教中的柏拉图门徒
21. 莎士比亚笔下的王者
22. 政治哲学中的莎士比亚
23. 政治生活的限度与满足
24. 雅典民主的谐剧
25. 维柯与古今之争
26. 霍布斯的修辞
27. 埃斯库罗斯的神义论
28. 施莱尔马赫的柏拉图
29. 奥林匹亚的荣耀
30. 笛卡尔的精灵
31. 柏拉图与天人政治
32. 海德格尔的政治时刻
33. 荷马笔下的伦理
34. 格劳秀斯与国际正义
35. 西塞罗的苏格拉底
36. 基尔克果的苏格拉底
37. 《理想国》的内与外
38. 诗艺与政治
39. 律法与政治哲学
40. 古今之间的但丁
41. 拉伯雷与赫尔墨斯秘学
42. 柏拉图与古典乐教
43. 孟德斯鸠论政制衰败
44. 博丹论主权

刘小枫集

诗化哲学［重订本］
拯救与逍遥［修订本］
走向十字架上的真
这一代人的怕和爱［增订本］
现代性与现代中国：现代性社会理论绪论
沉重的肉身
圣灵降临的叙事［增订本］
罪与欠
西学断章
现代人及其敌人
儒教与民族国家
拣尽寒枝
施特劳斯的路标
重启古典诗学
共和与经纶
设计共和
古典学与古今之争
卢梭与我们
好智之罪：普罗米修斯神话通释
民主与爱欲：柏拉图《会饮》绎读
民主与教化：柏拉图《普罗塔戈拉》绎读
巫阳招魂：《诗术》绎读

编修［博雅读本］

凯若斯：古希腊语文读本［全二册］
古希腊语文学述要
雅努斯：古典拉丁语文读本
古典拉丁语文学述要
危微精一：政治法学原理九讲
琴瑟友之：钢琴与古典乐色十讲